Spielend die Zukunft gewinnen

Außerdem erschienen:

A. Picot, H.-P. Quadt (Hrsg.)
Verwaltung ans Netz!
ISBN 978-3-540-41740-0. 2001.
IX, 201 S.

J. Eberspächer, U. Hertz (Hrsg.)
Leben in der e-Society
ISBN 978-3-540-42724-4. 2002.
IX, 235 S.

J. Eberspächer (Hrsg.)
Die Zukunft der Printmedien
ISBN 978-3-540-43356-2. 2002.
VIII, 246 S.

A. Picot (Hrsg.)
**Das Telekommunikationsgesetz
auf dem Prüfstand**
ISBN 978-3-540-44140-9. 2003.
VIII, 161 S.

M. Dowling, J. Eberspächer,
A. Picot (Hrsg.)
eLearning in Unternehmen
ISBN 978-3-540-00543-9. 2003.
VIII, 154 S.

J. Eberspächer, A. Ziemer (Hrsg.)
**Video Digital –
Quo vadis Fernsehen?**
ISBN 978-3-540-40238-1. 2003.
VIII, 140 S.

A. Picot (Hrsg.)
Digital Rights Management
ISBN 978-3-540-40598-4. 2003.
V, 153 S.

J. Eberspächer, H.-P. Quadt (Hrsg.)
Breitband-Perspektiven
ISBN 978-3-540-22104. 2004.
VIII, 186 S.

A. Picot, H. Thielmann (Hrsg.)
**Distribution und Schutz digitaler
Medien durch Digital Rights
Management**
ISBN 978-3-540-23844-1. 2005.
X, 153 S.

J. Eberspächer, H. Tillmann (Hrsg.)
**Broadcast-Mediendienste
im Spannungsfeld zwischen
Märkten und Politik**
ISBN 978-3-540-24345-3. 2005.
VIII, 191 S.

A. Picot, H.-P. Quadt (Hrsg.)
**Telekommunikation
und die globale
wirtschaftliche Entwicklung**
ISBN 978-3-540-25778-0. 2005.
VI, 110 S.

J. Eberspächer, A. Picot, G. Braun
(Hrsg.)
eHealth
ISBN 978-3-540-29350-7. 2006.
X, 354 S.

J. Eberspächer, W. von Reden
(Hrsg.)
Umhegt oder abhängig?
ISBN 978-3-540-28143-6. 2006.
IX, 230 S.

A. Picot (Ed.)
**The Future of Telecommunications
Industries**
ISBN 978-3-540-32553-0. 2006.
VI, 190 S.

Th. Hess, S. Doeblin (Hrsg.)
**Turbulenzen in der Telekommunikations-
und Medienindustrie**
ISBN 978-3-540-33529-3. 2006.
IX, 315 S.

A. Picot, A. Bereczky, A. Freyberg
(Hrsg.)
Triple Play
ISBN 978-3-54049722-6. 2006.
VIII, 213 S.

J. Eberspächer, S. Holtel (Hrsg.)
Suchen und Finden im Internet
ISBN 978-3-540-38223-2. 2007.
IX, 233 S.

J. Eberspächer, J. Speidel (Hrsg.)
**Wachstumsimpulse durch mobile
Kommunikation**
ISBN 978-3-540-72145-1. 2007.
VIII, 239 S.

A. Picot, A. Freyberg (Hrsg.)
**Infrastruktur und Services –
Das Ende einer Verbindung?**
ISBN 978-3-540-74306-4. 2007.
VIII, 267 S.

A. Picot (Hrsg.)
**Die Effektivität der Telekommunikations-
regulierung in Europa**
ISBN 978-3-540-77307-8. 2008.
VIII, 110 S.

Arnold Picot · Said Zahedani
Albrecht Ziemer

(Herausgeber)

Spielend die Zukunft gewinnen

Wachstumsmarkt Elektronische Spiele

 Springer

Prof. Dr. Dres. h.c. Arnold Picot
Universität München
Institut für Organisation
und Management
Ludwigstraße 28
80539 München
picot@lmu.de

Prof. Dr.-Ing. Dr.-Ing. E.h. Albrecht Ziemer
Grüngang 5
78464 Konstanz
Telefon +49 (75 31) 4 47 09
Fax +49 (75 31) 94 26 54
ziemer.a@zdf.de

Dr. Said Zahedani
Microsoft Deutschland GmbH
Konrad-Zuse-Straße 1
85716 Unterschleißheim
Telefon +49 (89) 31 76 33 07
Fax +49 (89) 31 76 27 40
szahedan@microsoft.com

ISBN 978-3-540-78714-3   e-ISBN 978-3-540-78717-4

DOI 10.1007/978-3-540-78717-4

Bibliografische Information der Deutschen Nationalbibliothek
Die Deutsche Nationalbibliothek verzeichnet diese Publikation in der Deutschen Nationalbibli-
ografie; detaillierte bibliografische Daten sind im Internet über http://dnb.d-nb.de abrufbar.

© 2008 Springer-Verlag Berlin Heidelberg

Herstellung: le-tex Jelonek, Schmidt & Vöckler GbR
Einbandgestaltung: WMX Design GmbH, Heidelberg

Gedruckt auf säurefreiem Papier

9 8 7 6 5 4 3 2 1

springer.de

Vorwort

Der Markt für elektronische Spiele wächst seit nunmehr 20 Jahren in ununterbrochener Folge, auch wenn sich in den letzten Jahren das jährliche Wachstum auf etwa 5 % verringert hat. In Deutschland hat dieser Markt im Jahre 2006 erstmals die Milliardengrenze überschritten. Gegenwärtig gibt es in Deutschland mehr als 7 Mio. Spielkonsolen. Hinzu kommen seit geraumer Zeit die Internetspiele mit ihrer Attraktion der Multiplayer-Rollenspiele. Konsolen neuer Generation können ebenfalls direkt mit dem Internet verbunden werden und Web 2.0 bietet dem Nutzer gar die Möglichkeit, Spiele und Spielfiguren zu verändern und zu beeinflussen. Auch die Werbeindustrie hat inzwischen diesen Markt für sich entdeckt. Man erreicht bei ihm ähnlich große Zielgruppen wie im TV-Markt, und das unter Umgehung von Streuverlusten. Die Anbindung an das Internet erlaubt nunmehr auch hier kurzfristige und aktuelle Werbekampagnen. Für die nächsten Jahre ist ein Abflauen dieser Marktdynamik nicht zu erwarten, insbesondere nicht im deutschen Markt, der zahlenmäßig den anderen großen europäischen Märkten wie beispielsweise Frankreich und Italien hinterher hinkt und damit Nachholbedarf signalisiert.

Von der Struktur her handelt es sich bei den elektronischen Spielen um ein vielschichtiges Marktgeschehen. Verzahnen sich doch hier inhaltliche Kreativität und technologische Herausforderung auf das Engste. Mechanismen klassischer elektronischer Medien, die IT-Technologie und das Internet bilden hier eine Symbiose und die wirkliche Interaktivität, nach der in den e-Medien bislang immer vergeblich Ausschau gehalten wurde, wird erreicht. Der Spieler ist nicht mehr der passive Konsument, er ist Akteur. Er erfährt Abenteuer, Herausforderung und Erlebnis und wird zugleich im strategischen und komplexen Denken gefordert. Es macht Spaß, ist pädagogisch lehrreich und führt so nebenbei in die komplexe Welt des Internets, fast ein Ideal – möchte man denken!

Die Wirklichkeit sieht insbesondere in Deutschland deutlich anders aus. Elektronische Spiele genießen nahezu keine gesellschaftliche Anerkennung. Sie sind eher in der Schmuddelecke angesiedelt, was sich durch die Diskussion um Gewaltspiele periodisch immer wieder verstärkt, auch wenn diese nur eine kleine Untermenge ausmachen. Ihr technologisches und pädagogisches Potenzial wird in keiner Weise anerkannt und ausgeschöpft oder gar gefördert. Schach und Mensch-Ärgere-Dich-Nicht haben ihren Stellenwert, elektronische Spiele nicht.

Der Münchner Kreis hat sich bei seiner Fachkonferenz mit diesem Phänomen auseinander gesetzt. Was wissen wir über diesen Markt und seine Attraktivität bzw. Wirkungen? Was ist in Deutschland anders als in den großen europäischen Nachbarländern oder in den Märkten von Japan, Korea und USA? Die Vorträge bewegten

sich auf der Schnittstelle zwischen Markt, Technologie und gesellschaftlicher Relevanz. Sie behandelten die Notwendigkeit einer differenzierten Auseinandersetzung
mit den Risiken und Chancen dieses großen Marktes sowie eines Akzeptanzwan-
dels: Welches ist die Funktion des Online-Spielemarktes als Technologietreiber,
welches ist der Einfluss auf Bildung und Ausbildung? Wie ist die Stellung von
Deutschland im internationalen Vergleich? Die abschließende Diskussionsrunde hat
möglichen Veränderungsbedarf aufgezeigt und Zukunftsstrategien dafür erarbeitet.

Dieses Buch enthält die Vorträge und die Mitschriften der Podiumsdiskussion. Allen
Referenten und Diskussionsleitern sowie allen, die zum Gelingen der Konferenz und
zur Erstellung dieses Buches beigetragen haben gilt unser herzlicher Dank.

Arnold Picot   Said Zahedani   Albrecht Ziemer

Inhalt

1 Begrüßung

Arnold Picot
Universität, München

Meine Damen und Herren, ich begrüße Sie sehr herzlich zu unserer Fachkonferenz „Spielend die Zukunft gewinnen – Wachstumsmarkt Elektronische Spiele". Der Münchner Kreis hat sich entschlossen, dieses Gebiet in einer Konferenz zu behandeln und mit Ihnen zusammen näher zu untersuchen, weil wir den Eindruck haben, dass elektronische Spiele in der öffentlichen Fachdiskussion ein Mauerblümchendasein fristen. Wir können beobachten, dass der Spielebereich wächst, zum Teil andere Bereiche überflügelt, und dennoch nicht die Aufmerksamkeit erhält, die ihm angesichts dieser Entwicklung zukommt. Darüber hinaus hat Spielen grundsätzliche Bedeutung für uns alle. Aus diesem Grunde freue ich mich sehr, dass wir diese Fachkonferenz mithilfe eines engagierten Programmkomitees sowie anderer Gremien des Münchner Kreises haben entwickeln können. Meine Aufgabe ist es nun, Sie in diesen Themenkreis einzuführen, um dann das Programm im eigentlichen Sinne zu eröffnen und zum Eröffnungsredner überzuleiten.

Ich möchte drei Punkte in aller Kürze behandeln, worum geht es in dem Spielemarkt, wer sind die Spieler und wer sind die Spielemacher? Das alles beleuchte ich nur aspekthaft, im Konferenzverlauf wird es vertieft.

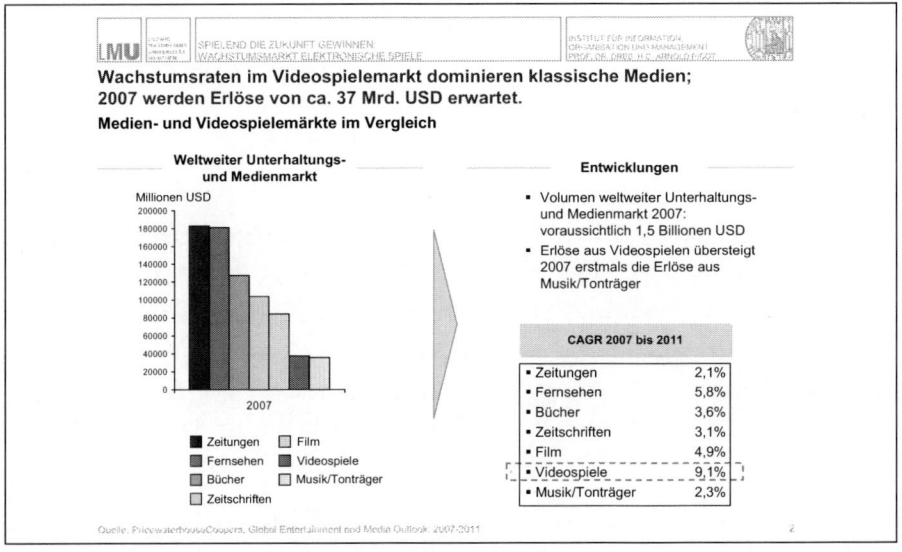

Bild 1

Glücklicherweise gibt es inzwischen einige Daten zu Spielen als Teil der Medien-
märkte, und deswegen können wir zum Beispiel feststellen, dass der weltweite
Unterhaltungs- und Medienmarkt sich natürlich im Wesentlichen aus den klassischen Medien Zeitungen, Fernsehen, Büchern, Zeitschriften und Film zusammen-
setzt; aber bei den Tonträgern/Musikmedien und bei den Videospielen haben wir
eine interessante Situation, nämlich dass die Videospiele, zumindest nach diesen
Erhebungen, sogar jetzt schon den Musik- und Tonträgermarkt im Volumen überholt haben (Bild 1). Interessant sind auch die Wachstumsraten und die Treiber für
dieses Wachstum. Die Wachstumsraten sind gerade im Bereich der Videospiele mit
über 9% sehr erheblich. Sie übersteigen die Wachstumsraten aller anderen Medien-
gattungen deutlich, und man wird damit rechnen können, dass der Anteil des
Videospielemarktes am gesamten weltweiten Medienmarkt noch steigen wird.

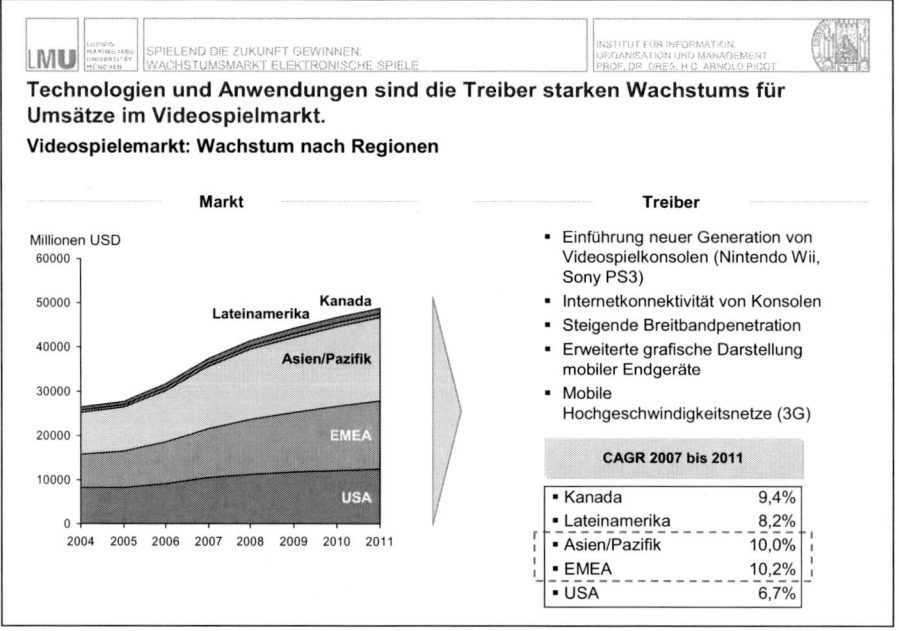

Bild 2

Wenn wir nun bei den Videospielen nach den Regionen schauen, dann erkennen
wir, dass Asien eine sehr große Rolle spielt, gefolgt von Europa (EMEA) und den
USA (Bild 2). Die Wachstumsraten sind hier wiederum interessant anzuschauen.
Wir haben in Asien und im EMEA-Raum derzeit das stärkste Wachstum. Die
Treiber dieses Wachstums sind Phänomene, die wir in diesem Feld seit einiger Zeit
beobachten, nämlich: die sehr leistungsfähigen Videospielkonsolen, die in jüngster
Zeit ja in neuen Generationen aufgetreten sind; die Konvektivität zum Internet, die
jetzt auch von den Konsolen her möglich ist; die steigende Breitbandpenetration,

die natürlich das anspruchsvolle Onlinespielen erst ermöglicht und erleichtert; die grafischen Darstellungsmöglichkeiten, deren Qualität sich ja enorm gesteigert hat; und nicht zuletzt auch die Mobilität, die jüngst einen erheblichen Einfluss nimmt und auch das mobile Spielen eröffnet.

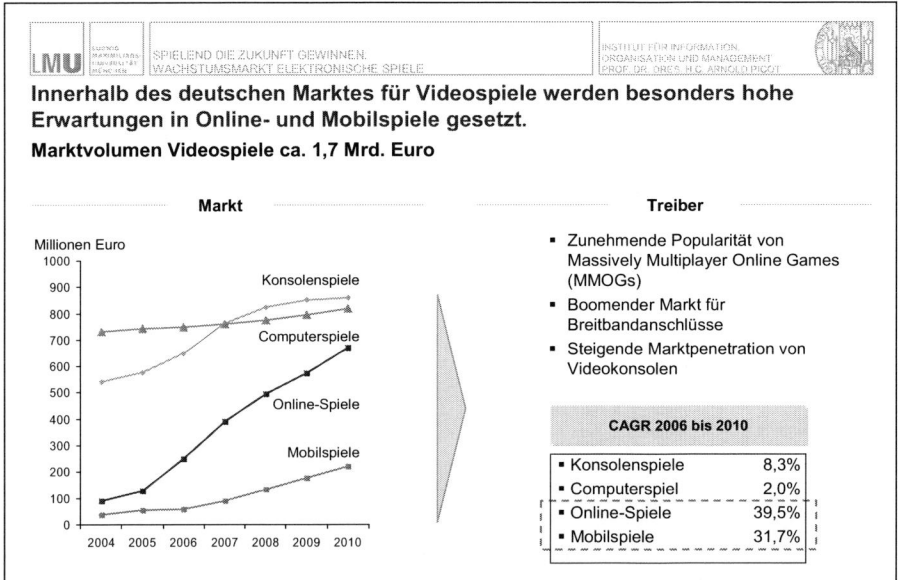

Bild 3

Ein Blick auf den deutschen Markt zeigt, dass die Onlinespiele und die Mobilspiele einen erheblichen Wachstumsverlauf in den letzten Jahren aufweisen und wahrscheinlich auch in der Zukunft weiter fortsetzen werden gemäß den Erhebungen von Pricewaterhouse Coopers (Bild 3). Das kumulierte Wachstum der nächsten Jahre wird bei rund 30 bis 40% erwartet, gerade für den Online- und für den Mobilmarkt. Das sind erhebliche Wachstumsraten, und das ist auch ein Grund, weshalb wir uns mit diesem Thema intensiver beschäftigen. Die Popularität der so genannten MMOGs, der Massively Multiplayer Online Games, spielt bei diesem enormen Wachstum eine sehr große Rolle. Das sind Spiele, bei denen sich viele Spieler koordinieren und gemeinsam im Online-Bereich Aufgaben in größeren Spielumgebungen lösen. Darauf wird heute noch verschiedentlich zurückzukommen sein. Der Breitbandanschlussmarkt wächst und entfaltet sich und die Videokonsolen durchdringen die Märkte immer mehr. All das treibt natürlich die Entwicklung beträchtlich.

Bild 4

Die Spieleformen, die auf diesen Märkten eine Rolle spielen, sind vielfältig und nicht überschneidungsfrei zu klassifizieren. Bild 4 gibt eine eher impressionistische Zusammenstellung verschiedener Spielekategorien. Die reichen von Geschicklich-keitsspielen, wie wir sie bei dem Genre der Arcade Spiele finden über Sportspiele, denken Sie etwa an Autorennen oder Hockeyteams o. ä., Simulation (Flugsimula-toren sind sehr bekannt), Familienunterhaltung (wie etwa Edutainment Spiele oder Kreativspiele oder Denkspiele), Rollenspiele (Historienspiele – man kann vielleicht auch Second Live als eine Art Rollenspiel einordnen), Strategiespiele (wie etwa Besiedlung von neuen Welten), Gelegenheitsunterhaltungsspiele (typischerweise auf PCs oder auf mobilen Endgeräten) bis zu den alt bekannten und umstrittenen Shooter oder Ballerspiele, bei denen irgendwelche Aufgaben beim Bekämpfen von irgendetwas Bösem gelöst werden.

Sie sehen, das ist eine große Vielfalt, die auf Konsolen oder Computern offline, online oder auch mobil gespielt werden kann. Wir haben es mit einem sehr differen-zierten und vielfältigen Markt zu tun.

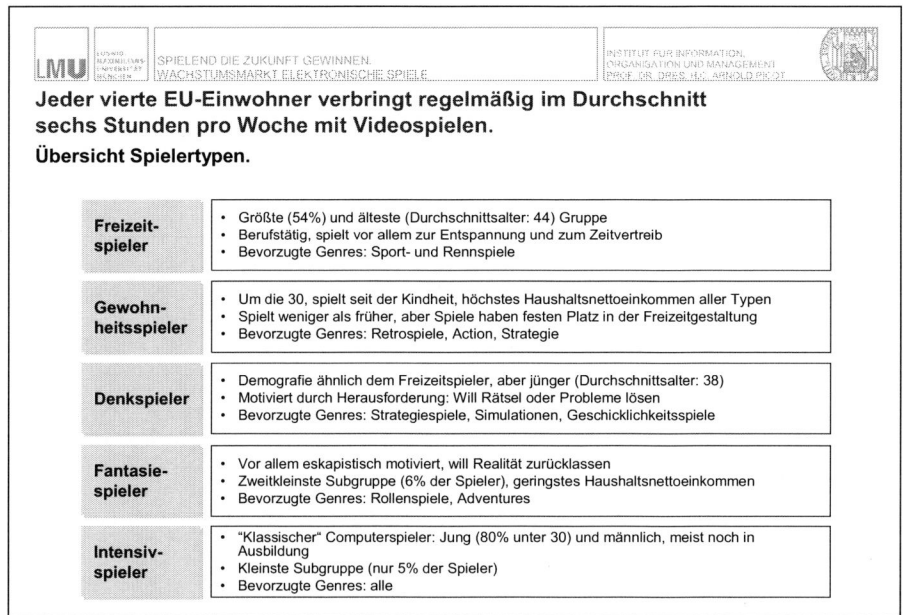

Bild 5

Welche Spielerkategorien finden wir? Hier ist eine Zusammenstellung versucht worden, die nach Motivationstypen clustert (Bild 5). Wir finden Freizeitspieler, die ihre Freizeit durch Spieltätigkeiten anreichern wollen; Gewohnheitsspieler, die regelmäßig spielen, weil das fester Bestandteil ihres Tagesablaufs ist; natürlich die Knobler, die Denkspieler, die gerne Herausforderungen lösen im Bereich von irgendwelchen mathematischen oder logischen Spielen, Simulationen u. ä.; Phantasiespieler, die einen nicht geringen Teil ausmachen und sich gern in anderen Welten bewegen wollen; eben solche, die im elektronischen Spielen den „Hauptsinn" ihres Lebens sehen, die Intensivspieler. Auch diese Gruppen sind nicht überschneidungsfrei und zeigen uns noch einmal mehr, dass es nicht einfach ist, das Spielphänomen im elektronischen Sektor über einen Kamm zu scheren. Es ist ein Breitenphänomen, das in vielfältiger Weise unsere Gesellschaft durchdringt.

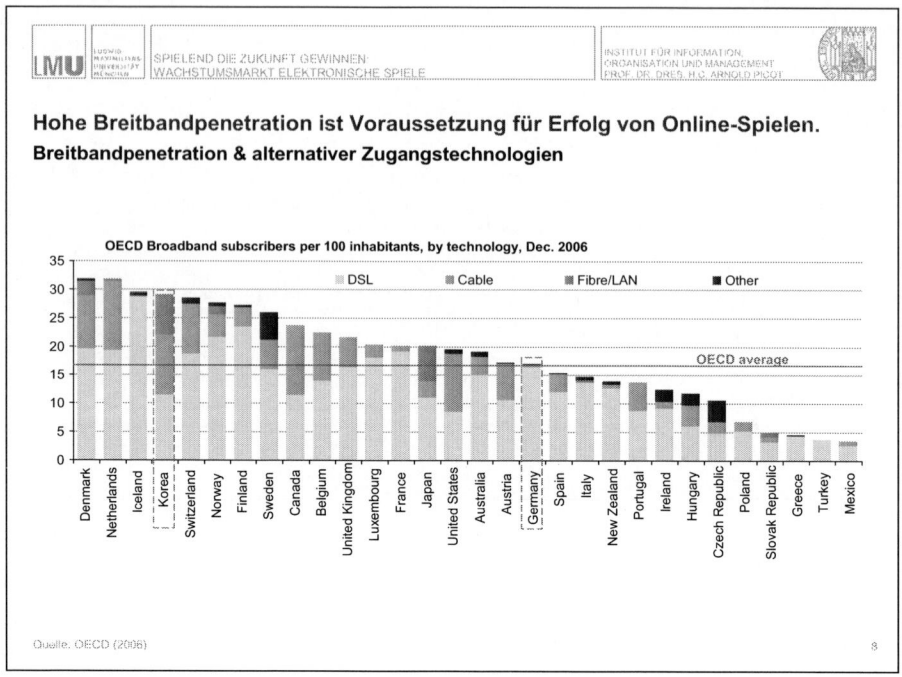

Bild 6

Ich erwähnte eben schon, dass die Breitbanddurchdringung eine große Bedeutung für die Ausbreitung zumindest bestimmter Spieletypen besitzt und gerade auch für deren Wachstum in jüngster Zeit verantwortlich ist. Hier ist die Breitbandruchdringung in den OECD Ländern wiedergegeben (Bild 6). Sie sehen, dass Deutschland eine mittlere Position einnimmt, die sich aber verbessert hat.

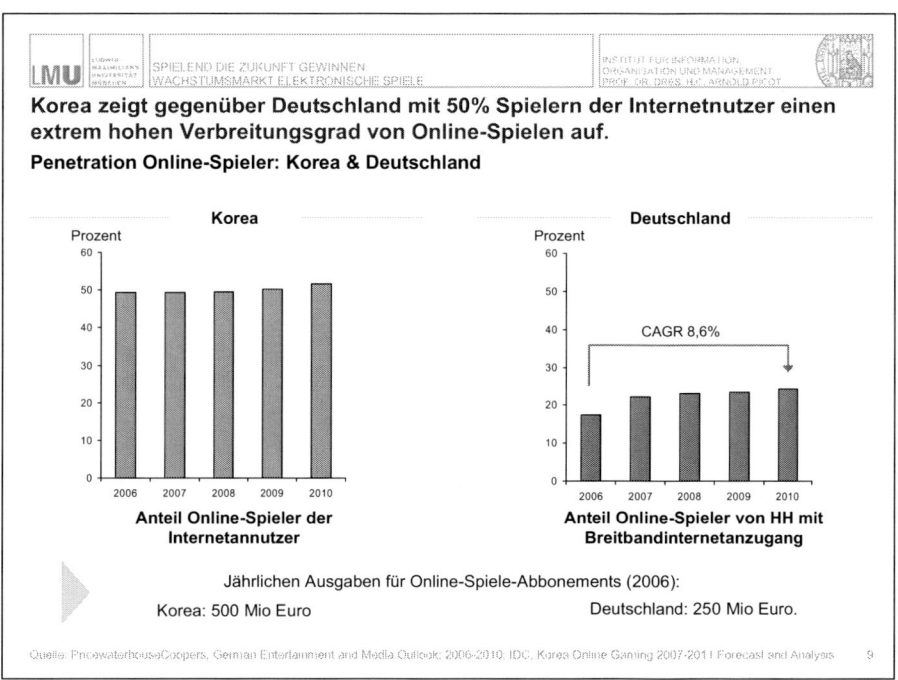

Bild 7

Wenn wir uns zwei Länder näher anschauen, nämlich Korea und Deutschland, dann können wir bei aller Unvergleichbarkeit – denn die Länder haben natürlich sehr unterschiedliche Kulturen und Traditionen – dennoch interessanterweise feststellen, dass in Korea der Anteil der Onlinespieler an den Internetnutzern bei ca. 50% liegt, d.h. 50% der Internetnutzer sind Onlinespieler (Bild 7). Sie geben für Onlinespiele-Abos – die meisten Onlinespiele werden ja über Abos betrieben – pro Jahr ca. 500 Millionen Euro aus. In Deutschland gibt es auch gewisse Erhebungen, die allerdings auf einer anderen Basis beruhen. Hier lässt sich der Anteil der Onlinespieler an Haushalten mit Breitbandinternetzugang festzustellen. Im Unterschied zur vorigen Abbildung ist hier die Penetration auf Haushalte bezogen. In Deutschland beteiligen sich rund 15 bis 20% der Haushalte, die Breitbandzugang haben, auch an Onlinespielen und geben dafür etwa 250 Millionen Euro aus.

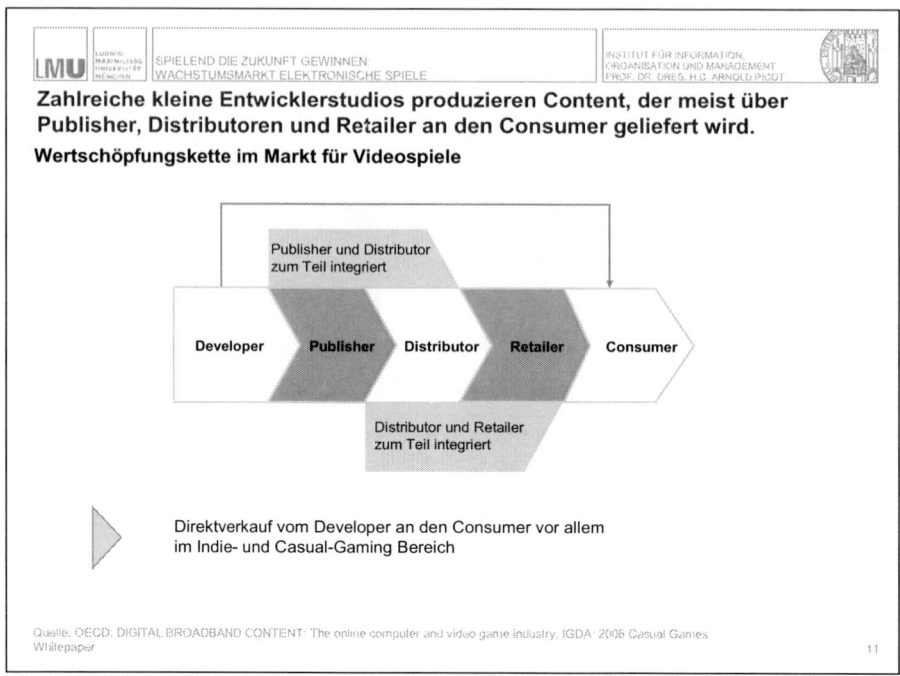

Bild 8

Spiele werden natürlich erstellt, produziert und vermarktet. Dazu bedarf es einer bestimmten Wertschöpfungskette, einer bestimmten Wertschöpfungssystematik, wie bei allen kommerziellen Angeboten dieser Welt (Bild 8). Diese Wertschöpfungskette reicht vom Entwickler über Veröffentlichung und Distribution sowie den Einzelhandel bis zum Konsumenten. In den mittleren Phasen der Wertschöpfung gibt es verschiedene Tendenzen, dass diese sich zum Teil integrieren. Aber wie diese Wertschöpfungssystematik bzw. die Branchenstruktur mittelfristig aussieht, ist sicherlich noch offen. Auf jeden Fall gibt es derzeit im Bereich der Entwicklung hier sehr viele kleinere und mittlere Unternehmen, die solche Spiele und geeignete Technologien entwickeln und über das besondere Entwickler Know how verfügen. Auf der Distributorenseite bedienen bereits einige größere Player den Markt.

Wie bei anderen digitalen Gütern, so beobachten wir auch hier das Phänomen, dass die Wertschöpfungskette durch Direktvertrieb umgangen wird, dass also Disintermediation stattfindet und Developer direkt dem Konsumenten über das Internet Spiele anbieten. Das findet vor allen Dingen bei den Independents („Indies") statt oder auch bei den Gelegenheits-, den kleinen Unterhaltungsspielen, die sonst nicht so einer großen Betreuung, Koordination und Organisation bedürfen.

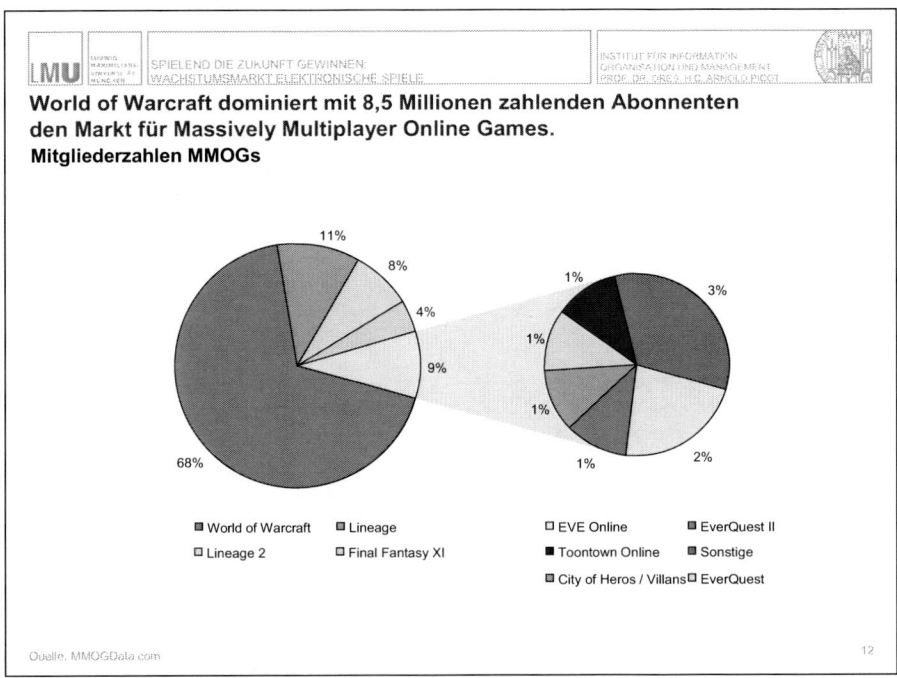

Bild 9

Bei den Onlinespielen stehen die erwähnten MMOGs, Massively Multiplayer Online Games, im Mittelpunkt. Hier gibt es seit einiger Zeit einen ganz klaren Marktführer, nämlich das Spiel „World of Warcraft", bei dem gegenwärtig bereits 8,5 Millionen zahlende Abonnenten weltweit existieren (Bild 9). Auch in Deutschland gibt es eine sehr große Gemeinde. Es wird in allen Kontinenten gespielt. Ein so weit verbreitetes Rollen-, Kooperations- und Kampfspiel ist nicht nur eine bemerkenswerte wirtschaftliche Unternehmung, sondern zugleich auch ein kulturelles und gesellschaftliches Phänomen. Es gibt eine Reihe von anderen MMOGs; einige sind aufgeführt. Insgesamt beherrschen fünf Spiele derzeit den Markt stark (91%), wobei World of Warcraft bei weitem führend ist. Hinzu kommen die restlichen neun Prozent des aktuellen Marktes, die sich auf die benannten sechs Spiele verteilen. Das ist offensichtlich ein Markt, in dem eine Menge an nachhaltiger Kundenbindung geschaffen wird und auf dem Netzeffekte wirksam sind. Kunden/ Spieler engagieren sind gerne und auch nachhaltig und agieren in Kooperationen, in Gruppen, aber auch im Wettbewerb.

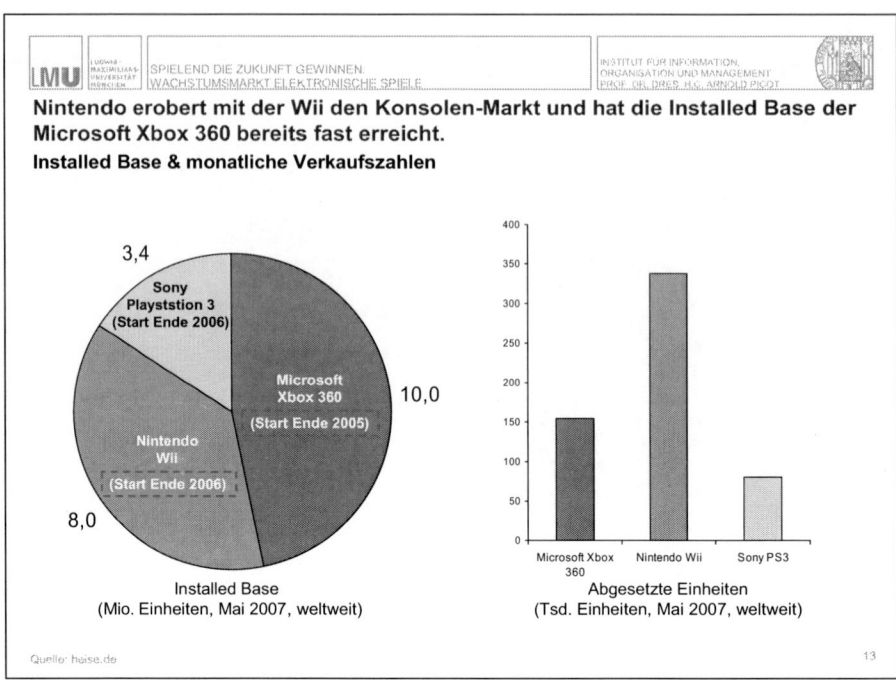

Bild 10

Ergänzend möchte ich darauf hinweisen, dass auch der Konsolenmarkt sich enorm entwickelt hat. Hier sind drei Anbieter führend, nämlich Microsoft, Nintendo und Sony (Bild 10). In jüngster Zeit zeigt gerade Nintendo enorme Wachstumsraten, im Mai d. J. hat dieser Anbieter erheblich aufgeholt. Eine große Dynamik, eine große oligopolistische Kampfsituation, zeigt sich in diesem Markt, der für alle Spiele die Voraussetzung liefert, die einer solchen Konsole bedürfen. Konsolen stellen zunehmend mächtige Computer dar, die auch mit dem Internet vernetzt und insofern manchmal als eine Art Konkurrenz oder zumindest Teilsubstitute zu den PCs oder Notebooks gesehen werden.

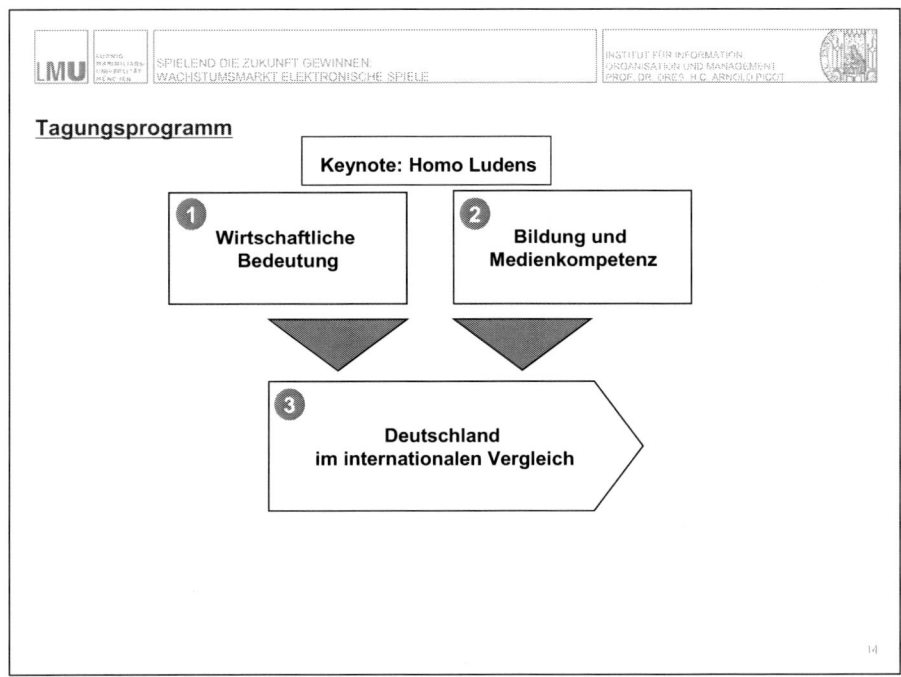

Bild 11

Meine Damen und Herren, das waren einige Facetten, einige Schlaglichter, die das Gegenstandfeld unserer Konferenz beleuchten. Bei weitem keine Analyse, Erklärung oder Folgenabschätzung, sondern nur einfach eine Einstimmung. Wir wollen in unserer Konferenz versuchen, den Hintergründen und den Zukunftsperspektiven dieser elektronischen Spielewelt weiter auf die Spur zu kommen. Dazu ist die folgende Struktur heute vorgesehen (Bild 11). Wir werden uns zunächst mit der wirtschaftlichen Bedeutung näher befassen, dann mit der Dimension der Bildung und der Medienkompetenz und schließlich mit der Frage, wo Deutschland im internationalen Vergleich steht. Was können wir lernen? Was können wir an Positivem beeinflussen? Wo können wir Risiken eindämmen?

2 Homo Ludens –
Zum Verhältnis von Spiel und Computerspiel

Stefan Aufenanger
Universität Mainz

Der bekannte Münchner Kabarettist Karl Valentin hat einmal über Vorträge gesagt: „Eigentlich ist alles schon gesagt, nur nicht von jedem". Ich möchte diesen Spruch umdrehen und sagen: „Zum Thema Computerspiele oder Spiele überhaupt ist von jedem schon etwas gesagt, aber m. E. noch nicht alles", und ich möchte versuchen, diese Perspektive etwas zu erweitern. Ich möchte einfach daran erinnern, dass jeder als Kind gerne gespielt hat, heute noch spielt oder vielleicht noch gerne spielen würde, aber nicht die Zeit dazu hat. Das Spielen ist eine Grundkonstante des menschlichen Daseins. Davon ausgehend möchte ich einige Perspektiven aufzeigen, was wir unter Spielen verstehen und was die Attraktivität daran ist. Dann werde ich dazu übergehen, wo die Probleme heutiger Möglichkeiten des Spielens liegen. An Computerspielen versuche ich deutlich zu machen, dass das, was wir im Kern als Spielen kennzeichnen und welche Funktion es hat, auch auf Computerspiele zutreffen kann, aber nicht zwangsläufig muss, und welche Probleme und Perspektiven sich aus den Computerspielen im pädagogischen sowie im sozialen Bereich insgesamt ergeben.

Ich möchte mit einem Zitat beginnen. Der berühmte niederländische Spieleforscher Johan Huizinga (2001) hat einmal gesagt: „Spielen ist eine freiwillige Handlung oder Beschäftigung, die innerhalb festgesetzter Grenzen von Zeit und Raum nach freiwillig angenommenen, aber unbedingt bindenden Regeln verrichtet wird, ihr Ziel in sich selbst hat (das ist ganz wichtig) und begleitet wird von einem Gefühl der Spannung und Freude (das ist, was wir alle fühlen, wenn wir spielen) und einem Bewusstsein des Andersseins als das gewöhnliche Leben" (37). Mit diesem Anderssein meint Huizinga, dass das Spiel eine eigene Realität hat, dass es etwas ist, was neben der alltäglichen Realität besteht und in dem wir uns auch fast neugeboren ab und zu wiederfinden. Aber es ist klar abgegrenzt von unserem Alltag. Der Mensch ist nach ihm ein ‚homo ludens', ein Wesen, dem das Spiel eigen ist.

Auf einige weitere Punkte, die zur Kennzeichnung von Spiel ganz wichtig sind, möchte ich noch eingehen: Spielen ist von Arbeiten unterschieden. Es verfolgt keinen Zweck, jedenfalls keinen Zweck außerhalb des Spielens. Mit dem Spielen möchte ich nichts erreichen. Ich möchte etwas Inneres erreichen. Spiel ist eine, wie wir sagen „als ob Realität". Wir tun so, als ob wir etwas könnten, als ob wir etwas ausführen. Wir simulieren etwas. Und diesen Begriff der Simulation werde ich später aufgreifen, um deutlich zu machen, dass genau in diesem Kontext das traditionelle Spiel und auch die Computerspiele in einem gewissen Zusammenhang stehen.

Spielen ist, ich hatte es eben schon erwähnt, eine anthropologische Konstante des Menschseins. Kinder spielen – das ist ihre Tätigkeit, wenn sie auf die Welt kommen. Sie arbeiten nicht, jedenfalls sollten sie nicht arbeiten, leider tun es viele Kinder in der Welt. Und sie haben sehr viel Spaß und sind neugierig auf Spiele.

Damit haben wir einige Punkte gekennzeichnet, die das Spiel ausmachen. Ich denke, es gibt eine vielfältige Literatur, in der diese Kennzeichen von Spielen aufgeführt werden. Ich will Ihnen noch einige wesentliche nennen. Freiheit: Das Spiel ist frei, es ist nicht gezwungen. Ich kann im Spiel selbst etwas gestalten. Ich kann tun, was ich will, außer ich spiele mit jemand anderem, wo Regeln da sind. Es hat eine innere Unendlichkeit. Es gibt nicht klare Begrenzungen, dass ein Kind zu spielen anfängt und sagt: Ich spiele nur fünf Minuten und dann ist Schluss. Eher sind es die Eltern, die äußeren Umstände, die das Spiel begrenzen. Aber das Spiel in sich ist unendlich. Es ist eine Scheinhaftigkeit; man tut so als ob. Es ist eine Ambivalenz; man schwankt zwischen verschiedenen Aspekten hin und her. Man weiß nicht genau, wo die Grenzen zwischen Realität und Fiktion sind. Das Spiel hat auch eine Geschlossenheit, d.h. es hat klare Grenzen, die nach außen gehen. Weiterhin kann man sagen, dass es einen Wechsel des Realitätsbezugs gibt. Man kann Spiele realitätsbezogen spielen, es kann auch sehr realitätsfern gespielt werden. Spielen heißt auch immer, ein Wagnis eingehen, nämlich zu verlieren, zu scheitern, Respektlosigkeit gegenüber anderen zu zeigen, sich zu irren – das ist ganzwichtig beim Spiel. Es gibt aber auch positive Aspekte wie zum Beispiel einen Perspektivenwechsel einzunehmen, sich in verschiedene Rollen hineinzuversetzen. Oder, was auch für die Computerspiele zutrifft, Immersivität, d.h. Hineintauchen in eine Welt, die für sich geschlossen ist und wo es manchmal sehr schwierig ist, dort auch wieder hinauszukommen.

Diese Begrifflichkeiten vom Spiel findet man häufig in der Literatur und, wie gesagt, noch viele mehr. Ich denke, wir haben im Deutschen ein Problem, dass unser deutscher Begriff des Spiels relativ undifferenziert verschiedene Typen kennzeichnet. Ich möchte die im Englischen vorfindbare Differenz zwischen ,Play' und ,Game' aufgreifen, um damit stärker zu differenzieren, was wir eigentlich mit Spielen meinen. Diese Differenz ist in den Sozialwissenschaften vor allen Dingen durch den amerikanischen Pragmatiker und Sozialphilosoph George Herbert Mead am Ende des 19. und zu Beginn des 20. Jahrhunderts in die Sozialwissenschaften eingebracht worden, um deutlich zu machen, dass es in der Entwicklung des Kindes ganz wichtig ist, diese zwei Stufen zwischen Play und Game zu unterscheiden (Mead 1973). Das Play ist das Spiel, dass das Kind für sich durchführt und in dem es sozusagen nur allein spielt – ich werde es gleich näher differenzieren –, während das Game das Regelspiel ist. Mead als Amerikaner macht das am Baseball deutlich.

Er sagt, das Regelspiel Baseball verlangt, sich in die Perspektiven von anderen hineinzuversetzen, um dieses Spiel überhaupt angemessen spielen zu können.

Ganz kurz einige Kennzeichen der beiden Typen: Play ist das Phantasiespiel, Konstruktionsspiel, Rollenspiele. Das sind die Spiele, die die Kinder spielen. Das Game ist das Regelspiel mit klaren Regeln; man kann Game nicht alleine spiele, jedenfalls in der normalen Realität. Es handelt sich um Gesellschaftsspiele, Sport, Wettkampfspiele usw., überall wo klare Regeln da sind. Das Play dagegen wird dagegen vom Kind allein gespielt, auch wenn es mit mehreren zusammen ist. Man findet dann bei Kindern häufig die Verteilung von Aufgaben, die aber nicht gleichzeitig aufeinander bezogen sind. Das Kind bestimmt selbst die Zeit und den Raum, wo gespielt wird. Das Game, das Regelspiel, ist dagegen offen. Es hat in Bezug auf Zeit, Raum, Handlung und Partnerschaft Variationsmöglichkeiten.

Der bekannte Schweizer Entwicklungspsychologe Jean Piaget hat versucht, diese Differenz zwischen Play und Game auch daran deutlich zu machen, was Kinder unter Regeln verstehen. Er hat in den zwanziger Jahren des letzten Jahrhunderts in Neuchatel in der Schweiz Kinder beim Murmelspiel beobachtet und gefragt: Kann man Regeln eines Spieles verändern? Die jüngeren Kinder haben gesagt: Nein, die kann man nicht verändern. Er hat auch gefragt, wo eigentlich die Regeln herkommen. Die jüngeren Kinder haben gesagt: Die Regeln hat mein Großvater gemacht, hat Gott gemacht, der Bürgermeister oder sonst irgendjemand. Sie haben klare Autoritäten angegeben. Während die älteren Kinder davon ausgehen, dass Regeln Vereinbarungen, Konventionen sind. Das ist eigentlich auch das Kennzeichen vom Game, nämlich Regeln, die für Spielende verändert werden können und deswegen auch offen sind.

Kommen wir zu näheren Kennzeichen von Play. Play ist das, was man alleine spielt, wenn man Rollenspiele sequentiell macht – das können Sie sehr gut bei Kindern im bestimmten Alter beobachten, so mit zwei, drei Jahren, die etwa Mutter, Vater, Kind spielen. Sie spielen erst das Kind, dann versetzen sie sich in die Perspektive des Vaters, spielen den Vater, dann die Perspektive der Mutter, spielen die Mutter und dann wieder das Kind. Was abläuft ist alles sequentiell, nicht gleichzeitig. Und die Nichtgleichzeitigkeit von Perspektiven ist das Typische von Play. Es ist schwer für die Kinder in dieser Altersgruppe sich sozusagen in die Perspektive eines anderen hineinzuversetzen, zu überlegen, was er will, was seine Bedürfnisse sind. Wenn Sie Kindern zum Beispiel in einer kleinen Gruppe von Dreijährigen Schokolade anbieten und fragen, wer diese Schokolade haben soll, dann werden sie immer sagen: ich. Und wenn Sie fragen, warum gerade du? „Weil ich es will". Aber sie würden nie Überlegungen antreffen, dass andere möglicherweise Billigkeitsüberlegungen einbringen können: ich habe noch nie Schokolade bekommen, meine Eltern sind so arm, ich kann sie nicht bezahlen usw.

Wir können insgesamt vier Funktion bei Play deutlich machen. Erstens hat das kindliche Spiel eine psychische Funktion. Es hilft den Kindern, Ich-Identität zu erlangen, indem sie sich in die Perspektiven Verschiedener hineinversetzen können, aber wie schon gesagt, nur sequentiell. Sie erproben Handlungen, indem sie ein Spiel durchführen. Und indem sie sie erproben, lernen sie gleichzeitig auch die entsprechenden Rollen, die mit dieser Handlung verbunden sind. Die psychische Funktion von Spiel besteht auch darin, Phantasie freien Lauf zu lassen und damit der Phantasie und der Kreativität auch eine Bedeutung zuzuweisen. Entwicklungspsychologisch gesehen hilft das Spiel auch, sich in die Perspektiven von anderen langsam hineinzuversetzen. Indem das Kind zuerst die Mutter, dann den Vater spielt, lernt es die Perspektive anderer kennen. Aber es muss jetzt sozusagen in der Entwicklung einen Schritt weiter kommen, um auch in der konkreten Interaktion eines Regelspiels sich in die Perspektive aller Betroffenen gleichzeitig hineinversetzen zu können.

Eine zweite Funktion von Spielen ist die soziale Funktion. Indem das Kind in der psychischen Funktion am Anfang Rollen einzeln durchspielt, gilt es bei der sozialen Funktion, langsam ein Rollenverständnis in dem Sinne zu bekommen, dass an bestimmte Positionen Erwartungen gestellt werden; etwa das Kind in der Kindergartengruppe, das Kind in bestimmten Regelspielen – du musst diese Regel auch entsprechend durchführen – und damit sich in die Perspektive von anderen hineinversetzen. Und indem das Kind Regeln langsam lernt, deren Bedeutung zu kennen, erlernt es auch, was wir als Moral bezeichnen. Es war die eigentliche Absicht von dem schon erwähnten Jean Piaget, indem er die Regeln bei Kindern untersucht hat, herauszufinden, wie sich eigentlich Moral in unserer Gesellschaft entwickelt. Und für ihn ist diese Differenz zwischen Game und Play, dieser Übergang von dem einzelnen Spiel zum Regelspiel, auch die Grundlage dafür, Regeln des sozialen Handelns, des Miteinanders in einer Gesellschaft als die Grundlage von Moral kennen zu lernen und zu erwerben.

Es gibt auf die soziale Funktion aufbauend eine dritte, die gesellschaftliche Funktion. Indem das Kind spielt, wird es in die Gesellschaft integriert. Es lernt die verschiedenen Aspekte gesellschaftlichen Handelns kennen. Aber das Spiel kann auch die Funktion der Entspannung von Arbeit haben, der Regenerierung in dem, was wir sonst unter Stress tun. Ich denke mir, dass vielleicht einige von Ihnen heute Abend, wenn Sie von dieser Tagung nach Hause kommen, entweder lesen, Fernsehschauen oder vielleicht auch mit Partner oder Partnerin ein Spiel machen oder auch alleine ein Computerspiel spielen, um sich von diesem Stress zu entspannen. Das ist eine ganz wichtige Funktion, um morgen wieder entspannt sich an die Arbeit zu machen.

Als Pädagoge möchte ich natürlich auch aufmerksam machen, dass das Spiel eine pädagogische Funktion hat. Es ist eine Lebensform des Kindes, um Alltagsprobleme und Entwicklungsaufgaben zu bewältigen. Alltagsprobleme, die das Kind in

der Auseinandersetzung mit seiner Umwelt, mit den Eltern, mit den älteren
Geschwistern, mit Freunden usw. erfahren hat, können im Spiel symbolisch
umsetzt werden. Als Medienpädagogen empfehlen wir zum Beispiel Eltern, die uns
fragen: „Mein Kind hat eine sehr gewalthaltige Fernsehsendung gesehen, was soll
ich machen, soll ich es verbieten oder soll das Kind es zu Ende sehen?", mediale
Inhalte symbolisch sich ausdrücken zu lassen, etwa im Spiel. Man sollte den Kindern die Möglichkeit geben, im Spiel phantasievoll das, was sie bedrückt, wo sie
Angst vor haben, bewältigen zu können. Und das Spiel ist genau diese Form –
neben dem Malens –, einer performativen Ausdrucksform, in der diese Alltagsprobleme bei Kindern bewältigt werden können. Wir Erwachsene nutzen viel zu wenig
diese Möglichkeit, unseren Stress, den wir mit anderen haben, Konflikte, auch vielleicht im Spiel auszuarbeiten.

Entwicklungsaufgaben zu bewältigen bedeutet, dass das Kind lernen muss, etwa
seine Geschlechtsrolle zu finden, soziale Anerkennung in einer Gruppe zu erlangen
oder sich in bestimmte soziale Beziehungen zu integrieren. Das Spiel hilft, diese
Entwicklungsaufgaben angemessen zu bewältigen.

Beim Regelspiel, dem Game, geht es um das Erlernen von Regeln und von Multi-
perspektivität, nämlich gleichzeitig verschiedene Perspektiven einnehmen zu
können. Der schon erwähnte George Herbert Mead hat deswegen das Baseballspiel
benutzt. Für uns Deutsche ist es nicht ganz einfach, die Regeln des Baseballspiels
zu verstehen, weil es sehr strategisches Denken verlangt, die verschiedenen Positionen im Spiel gleichzeitig zu berücksichtigen. Fußball ist nicht ganz zu vergle-
ichen mit Baseball. Das Baseballspiel ist eins, in dem es in die Verschränkungen
verschiedener Perspektiven geht. Indem ich mich in die Perspektiven anderer hin-
einversetze, lerne ich auch mich selbst kennen. Aus der Forschung über soziale
Kognition, also über das Denken über soziale Beziehungen, wissen wir, dass das
Kind erst dann sich selbst als ein Selbst erfährt, als etwas Eigenständiges, wenn es
sich in die Perspektive von anderen hineinversetzen kann. Wir Menschen lernen uns
dann erst im Spiegel des anderen kennen.

Die pädagogische Aufgabe, die wir in dem Spiel insgesamt haben – und das gilt für
Play und für Game –, ist, dass wir Räume zur Verfügung stellen müssen, wobei
Räume nicht heißt, nur Spielplätze, sondern auch Räumlichkeiten seitens
bestimmte Felder, in denen die Kinder spielen können. Wir müssen ihnen Zeit
geben. Ich werde gleich noch darauf kommen, dass wir in einer Gesellschaft leben,
in der wir den Kindern vielleicht da zu wenig anbieten. Zeit in der Hinsicht, dass
die Kinder spielen können. Wir haben leider in unserer Gesellschaft doch sehr viele
Familien, in denen die Kinder vielleicht übertrieben pädagogisiert in bestimmte
Räume gedrängt werden, ohne dass sie noch Zeit zum Spielen haben. Und wir
müssen so genanntes Spiel-„Zeug" zur Verfügung stellen, wobei es nicht darum
geht, Spielzeug zu kaufen, sondern ihnen Material zum Spielen zur Verfügung zu
stellen, mit dem sie phantasievoll Play und Game gestalten können.

Nachdem wir nun einige wesentliche Aspekte des Spiels bzw. des Spielens vorgestellt haben, wollen wir fragen, worin die Probleme des Spielens heutzutage bestehen? Da gibt es zum einen eine Ausgrenzung des Spiels aus unserem Alltag. Wenn wir jetzt hier anfangen würden – entschuldigen Sie diesen Vergleich – ein Spiel zu machen und jemand käme von draußen herein und würde sehen, es ist eine Tagung über Computerspiele und wir sitzen da und spielen, würde es im ersten Moment irritierend sein. Das heißt, in unserem Alltag ist Spiel etwas, was aus dem normalen Leben häufig ausgegrenzt ist. Wenn Sie zu Ihren Kollegen sagen, heute Abend gehe ich irgendwo hin, wo wir Gesellschaftsspiele spielen, wird manchmal vielleicht auch eigenartig angeschaut, warum man nicht etwas kulturell Bedeutsames machen würde. Wir Erwachsene geben ungern zu, dass wir auch gerne spielen. Das ist mit Ausgrenzung gemeint.

Das zweite ist, dass wir eine starke Institutionalisierung des Spiels haben. Ich hatte eben schon die Spielplätze erwähnt. Nichts gegen Spielplätze, aber eine Gesellschaft sollte den Kindern auch Räume zum Spielen geben außerhalb von festgelegten Räumen von Spielplätzen. Der Begriff des Abenteuerspielplatzes macht ja deutlich, dass unsere Kinder in unserer Welt nicht mehr Möglichkeiten haben, Abenteuer selbstständig zu erleben und auch gestalten zu können. In dieser Hinsicht ist es als ein Problem des Spiels zu sehen, dass wir einerseits den Kindern heute diese Räume zur Verfügung stellen müssen. Andererseits aber fragen müssen, ob wir nicht andere Möglichkeiten schaffen können, die sie selbst gestalten können. Spielgruppen, Kinderspielgruppen: Warum muss man das alles organisieren?

Ein dritter Punkt ist die Kommerzialisierung des Spieles. Dabei geht es nicht nur um so genannten Spielwetten, die immer weiter kommerzialisiert um sich greifen, sondern auch, dass Spiele selbst in verschiedenen Formen auf dem Markt kommen und man glaubt, nur noch diese Spiele spielen zu können und nicht mehr seine eigene Kreativität und Phantasie freien Lauf lässt.

Was dagegen notwendig ist, sind Freiräume zu schaffen für das Spiel. Wir müssen Kindern Handlungsräume zur Verfügung stellen, in denen sie phantasievoll und frei experimentieren können, ohne dass sofort alles pädagogisiert werden muss. Erfahrungsräume erhalten bedeutet, Neues entdecken zu können, sich auch zu erproben, etwas ausprobieren zu können. Phantasieräume sind ganz wichtige Bereiche, die Kinder heute brauchen. Das sind alles Aspekte, die für das Spielen ganz wichtig sind und mit denen wir uns beschäftigen sollten, wenn wir über Computerspiele reden, weil Computerspiele sehr viel Affinität zu dem haben, was ich bisher als Spiele gekennzeichnet habe.

Deswegen möchte ich zu den Computerspielen übergehen und mit einigen Typisierungen beginnen. Ich schlage vor, Computerspiele als Simulation zu verstehen. Dann können wir vier Ebenen von Simulation unterscheiden, nämlich die physische Simulation, wo es darum geht, reflexhafte Reaktionen zu zeigen. Typische

Beispiele sind Jump- und Run-Spiele; Supermario ist der Klassiker in dem Bereich, in dem es darum geht, reflexhaft auf bestimmte Reize zu reagieren und dass ich eine physische Reaktion in einer virtuelle Welt mache, die ich genauso in der realen Welt machen könnte. Nur mit anderen Folgen, wenn Sie an Supermario denken, wo er auf Figuren springt und sie platt drückt. Ein zweites Kennzeichen sind logische Simulationen: man muss Probleme lösen. Das sind all diese Rollenspiele, in denen es darum geht, Quests zu bearbeiten. Ich denke da an „Myst", ein typisches Spiel, in dem man Probleme lösen muss, um voran zu kommen und das Ziel zu erreichen. Und es gibt Spiele, die man als systemische bzw. kommunikative Simulationen bezeichnen kann; das wäre der dritte Typus. Hier geht es darum, soziale Beziehungen sowie Kommunikationen in diesen Spielen zu interpretieren und soziale Beziehungen und kommunikative Verhältnisse zu simulieren und darauf einzugehen. Typische Spiele sind etwa „Simcity" oder das schon erwähnte „World of Warcraft". Aber ich denke, auch die „Lego Mindstroms" als ein Spielzeug für Kinder sind systemische Simulation, in denen die Kinder etwas programmieren können und indem sie überlegen müssen, wie verschiedene Faktoren aufeinander bezogen werden müssen, damit der gebaute Roboter funktioniert. Wir haben in dem Kontext mit Kindern zwischen acht und zehn Jahren Experimente gemacht, mehr pädagogische Experimente, ihnen die Aufgabe gegeben, so ein Lego Mindstorm Auto zu programmieren, dass es Slalom fährt. Es ist interessant, wie Kinder in Gruppen versuchen, hier die verschiedenen Faktoren, die davon abhängig sind, d.h. wie muss das linke und das rechte Rad drehen, um entsprechend eine Kurve zu fahren usw. dort zu entwickeln. Und sie haben sehr viele Kompetenzen gezeigt.

Wir haben dann noch eine vierte Art von Simulation, nämlich die Simulation der Simulation oder Simulation zweiter Ordnung. Das ist, wenn wir Spiele selbst erfinden, wenn wir sie selbst gestalten und produzieren. Dazu gehören aber auch die Computerfreaks, die vielleicht den Computerproduzenten nicht immer ganz lieb sind, die nämlich Eingriffe oder Modifikationen in Spiele vornehmen oder auch Verfremdungen anbringen oder Persiflagen aufspielen, gehören auch zu diesem Typ der Simulation zweiter Ordnung. Ich denke, wenn wir das einmal genau überlegen, dann ist diese Simulation, was ja auch diese Als-ob-Tätigkeit, die wir beim Spiel haben, etwas Typisches, was wir auch bei den Computerspielen insgesamt finden und was auch die Attraktivität von Computerspielen sicher ausmacht.

Damit möchte ich zu dem nächsten Punkt übergehen und die Frage nach der Attraktivität von Computerspielen stellen. Ich denke, zum einen gibt es ganz klare Attraktivitätsmuster von Computerspielen, die auch mit dem Spiel insgesamt zu tun haben. Es ist eine Als-ob-Realität. Ich kann etwas ausprobieren und etwas simulieren. Ich kann mich selbst erproben und Wagnisse eingehen.

Der nächste Punkt ist die Immersivität. Ich kann in das Spiel eindringen und lebe in dieser Welt, wobei genau das Problem die Grenzüberschreitung ist. Komme ich aus dieser virtuellen Welt auch wieder hinaus? Und damit muss ich umgehen können.

Das ist eine wesentliche Kompetenz für den Umgang mit Computerspielen. Aber es ist auch genau das, was mich fasziniert bei den Computerspielen: in eine Welt hineinzutauchen, in der ich leben kann, in der ich aktiv sein kann.

Gleichzeitig, und ich denke, das ist sehr stark geschlechtsspezifisch codiert, kann ich in vielen Spielen Macht ausüben, kann meinen Machtphantasien freien Lauf lassen. Wir wissen aus sehr vielen psychiatrischen Untersuchungen, dass es vor allem für Spieler von gewalthaltigen Computerspielen, meines Wissens zu 90% junge Männer zwischen 19 und 29 Jahren, die Möglichkeit gibt, die Minderwertigkeit, die sie im Alltag erfahren, im Computerspiel zu kompensieren, in dem sie Allmachtsphantasien ausüben können. Das ist eine Attraktivität, die gerade für junge Männer in den Computerspielen besteht.

Welche Kompetenzen, um auch einmal die positiven Aspekte zu zeigen, können durch Computerspiele erworben werden? Aus verschiedenen Forschungen wissen wir, dass das Navigieren in Hypertexten eine Kompetenz ist, die auf andere Bereiche, auch zum Beispiel auf Edutainment- bzw. Lernsoftware übertragen werden kann und auch im Internet notwendig ist. Man entwickelt damit so etwas, was wir kognitive Komplexität nennen bzw. das Denken in vernetzten Strukturen. Wir nennen dies Metakognitionen: über das Denken zu denken. Wenn Sie erfolgreich ein Computerspiel bewältigen wollen, müssen Sie die verschiedenen Räume bzw. Levels kennen. Sie müssen ein Mindmap, eine Landkarte des Spiels im Kopf haben. Der kompetente Umgang mit Computerspielen scheint sehr anregend für diese verschiedenen kognitiven Eigenschaften zu sein.

Wir wissen auch, dass sehr viele Kinder, Jugendliche und auch Erwachsene Computerspiele nicht allein spielen. Die Onlinespiele sind ein typisches Beispiel dafür, die man vernetzt mit anderen spielt. Auch das sehr heftig kritisierte ‚Counterstrike‘ verlangt Teamwork und Kooperation, um dort erfolgreich zu sein. Oder wenn Sie an ‚World of Warcraft‘ denken: es verlangt die Strukturierung sozialer Beziehungen. Ich muss mich Gilden anschließen, ich muss kommunizieren, ich muss mich mit anderen absprechen, welche Ziele wir erreichen wollen. Und ich denke auch, dass Computerspiele ethische Kompetenzen vermitteln können, nämlich wenn in Spielen moralische Probleme angesprochen werden. Sehr viele Beispiele kann man dafür in ‚World of Warcraft‘ deutlich machen, leider reicht die Zeit nicht dazu. Das wären die positiven Aspekte von Computerspielen. Sie können, müssen nicht zwangsläufig, ganz wichtig, kognitive, soziale und ethische Kompetenzen fördern.

Ich denke, dass viele von Ihnen, die sich mit Computerspielen beschäftigen, im Alltag mit den Problemen von Computerspielen konfrontiert werden. Ich will nur auf drei Fragen eingehen, die m. E. die öffentliche Debatte bestimmen: Führen Computerspielen zu mehr Gewalt von Kindern und Jugendlichen? Wie ist das Verhältnis von Realität und Fiktion? Sind Computerspiele Zeitdiebe?

Die Gewaltdebatte ist bezüglich der Computerspiele genauso schwierig zu beurteilen wie beim Fernsehen. Im Bereich von gewalthaltiger Fernsehdarstellung
gehen wir heute davon aus, dass es ungefähr zwischen 6000 und 7000 weltweite
Studien dazu gibt. Mein Kollege Michael Kunczik, der für die Bundesregierung
2004 dazu ein Gutachten vorgelegt hat, hat gesagt, dass eigentlich die Ergebnisse
bezüglich der Kausalität, d.h. der Gewaltdarstellung in Medien und damit verbunden eines möglichen gewalthaltigen Verhaltens von Kindern und Jugendlichen
in keiner Studie insgesamt keine eindeutige Aussage dazu gemacht werden.

Bei den Computerspielen haben wir forschungspraktisch das Problem, dass die
Forschungen, die zu Computerspielen gemacht werden, der Entwicklung der Computerspiele weit hinterher hinken. Wenn Sie die Entwicklung der Computerspiele
betrachten, hat sich da in den letzten Jahren sehr viel getan: die rasante Entwicklung der Grafik bis hin zur Komplexität Komplexität der Spiele. Das zweite ist,
dass viele Studien experimentell sind, d.h. es werden Kinder und Jugendliche an
Computerspiele gesetzt und sollen etwas durchspielen. Danach bekommen sie
einen Fragebogen, wo beispielsweise ihr Aggressivitätspotenzial abgefragt wird.
Es wird nicht gefragt, ob sie auch wirklich aggressiv sind. Oder es sind retrospek-
tive Studien, indem etwa Kinder und Jugendliche im Alter von 18 Jahren gefragt
werden, wie häufig sie früher Computerspiele gespielt haben und ob sie heute auf-
fällig bezüglich ihres Gewaltverhaltens sind. Ich denke, wir haben in diesem
Bereich sehr viele methodische Probleme.

Es gibt aber bestimmte Problembereiche, die man klar sehen muss, die mit der
Immersivität zusammenhängen. Das ist ein Prozentsatz, ohne dass jetzt genau fest-
legen zu können, zwischen fünf und zehn Prozent der männlichen Jugendlichen
und auch jungen Erwachsenen, die aus dieser Welt von Computerspielen nicht raus-
kommen und dort ihre Leben eigentlich verbringen und das normale Leben vergessen. Sie zeigen Leistungsabfälle in der Schule und kündigen Freundschaften
auf. Sie haben häufig keine sozialen Beziehungen mehr. Sie leben noch vollkommen in ihrer virtuellen Welt.

Es gibt gerade in neuerer Zeit auch einige Untersuchungen aus den Neurowissenschaften, die versuchen aufzuzeigen, dass durch extremes Computerspielen es zu
Veränderungen des Gehirns kommen kann. Meiner Einschätzung nach werden da
die Ergebnisse der Neurowissenschaften jedoch etwas überschätzt. Es gibt Hin-
weise dazu für bestimmten Problemgruppen, dass wir da mit Veränderungen
rechnen müssen, aber insgesamt ist die Einschätzung, die auch Kunczik vorbringt,
so, dass es insgesamt keine Kausalität gibt, dass es zwar bestimmte Gefahrenpoten-
ziale gibt, die sich potenzieren können, wenn bestimmte Bedingungen zusammen
kommen, aber nur dann.

Als weiterer Problembereich ist das Verhältnis Realität und Fiktion zu nennen, d.h.
wenn ich in einer Als-ob-Welt bin wie das Computerspiel, wie komme ich da

wieder zurück in die Realität komme. Diesen Transfer muss ich leisten. Mein Kollege Jürgen Fitz, ein bekannter Computerspieltheoretiker, hat dies mal als die wichtige Anforderung bei Computerspielen gekennzeichnet, nämlich den Transfer von der Realität in die virtuelle Welt und wieder zurück angemessen leisten zu können. Und es zeigt sich, dass einige das auch nicht leisten können.

Der dritte Problembereich ist – ich habe den Begriff der Zeitdiebe genannt –, dass Computerspiele sehr viel Zeit verlangen. Wenn sie gerade im Bereich der Elternberatung sind, dann kommen heute sehr viele Eltern, die sagen: Mein Kind sitzt den ganzen Tag vor dem Computer, wie kann ich das kontrollieren? Aus medienpädagogischer Sicht ist das Fernsehen da einfacher zu kontrollieren. Da können Sie ihrem Kind sagen: du darfst 25 Minuten lang die Sendung mit der Maus sehen oder eine dreiviertel Stunde diese Sendung über Tiere. Aber sagen Sie mal einem Kind: du darfst nur 15 Minuten lang Supermario spielen oder eine halbe Stunde in ‚World of Warcraft‘ reingehen. Das geht nicht, weil die Zeitstruktur von Computerspielen ganz anders ist. Das heißt, dass hier Herausforderungen auf uns Erwachsene, auf uns Eltern, auf die Pädagogik, auf Bildungsinstitute in nächster Zeit zukommen, mit diesen Phänomenen umgehen zu müssen. Ich denke, dass es da ganz wichtig ist, dass alle in diesem Bereich zusammenarbeiten und entsprechend auch nach Lösungen suchen.

Ich will abschließend noch einige Aspekte nennen, die meines Erachtens für die Zukunft der Computerspiele wichtig sind. Das eine ist, wie schon erwähnt, dass die Online-Spiele der Zukunftsmarkt sind und für Kinder, Jugendliche und auch Erwachsene deswegen attraktiv ist, weil dort neue Spielewelten geschaffen werden. Das würde ich auch als etwas Positives kennzeichnen, da dort so etwas, wie eine Interkulturalität oder Multikulturalität entstehen kann. ‚World of Warcraft‘ ist ja nicht nur ein Spiel, was sich begrenzt in bestimmten Gilden und nur auf Deutsch spielen lässt, sondern auch viele Menschen aus anderen Kulturen und Gesellschaften einbezieht und damit zum Beispiel die deutschen Teilnehmer in Englisch auch entsprechend kommunizieren und sich absprechen müssen. Sie chatten miteinander über bestimmte Strategien und lernen gleichzeitig verschiedene kulturelle Differenzen kennen.

Das zweite ist, dass wir viele neue soziale Welten schaffen. ‚Second Live‘ ist nur der Anfang, und vielleicht ein sehr einfacher und primitiver Anfang. Aber es ist etwas, was in Zukunft insgesamt viele Bereiche unserer Gesellschaft gestalten wird, nämlich virtuelle und soziale Welten, in denen wir uns kennen lernen, in denen wir miteinander kommunizieren. Und vielleicht werden Sie im Münchner Kreis in fünf Jahren auch ihre Tagungen virtuell ausführen, obwohl das schade wäre, weil die Gespräche zwischendrin auch ganz wichtig sind, um sich kennen zu lernen. Aber Virtualität als eine Erweiterung des normalen realen Lebens zu kennzeichnen, ist eigentlich das, was uns Computerspiele technisch und von ihrer Simulationsmöglichkeit bieten. Spiele werden auch in Arbeit und Beruf Bedeutung gewinnen und zwar in der Hinsicht, dass sie – und das wäre der nächste Punkt – Möglichkeiten des neuen Lernens schaffen. Wir sind im Bereich der Lernmethodik noch an einem Punkt, wo wir noch zu stark instruktionistisch denken, also quasi die alte Schule reproduzieren. Die Chancen, die Simulation und auch das Spiel bieten, nämlich spielerisch zu lernen oder sich im Spiel selbst zu erproben und damit sich selbst kennen zu lernen. Wir können in dem Bereich der Entwicklung von Lernmethodiken im virtuellen Bereich durch Computerspiele Anregungen bekommen wie etwa der Ansatz des 'Game-based Design' zeigt. Dies ist ein Begriff, der deutlich machen soll, dass die Erfahrungen, die Potenziale und die Möglichkeiten, die das Computerspiel bietet, auch im Bereich von Lernen mit Medien sehr anregungsreich übernommen werden kann.

Ich denke – und damit möchte ich schließen, – es ist diese Welt der Computerspiele, in der Kinder heute aufwachsen. Der amerikanische Erziehungswissenschaftler Marc Prensky hat eine sehr interessante Differenz gemacht, indem er gesagt hat: es gibt so genannte 'Digital Natives' und 'Digital Immigrants' (Prensky 2001). Die Kinder sind die digitalen Eingeborenen, die in einer Welt aufwachsen mit Computerspielen, mit Computern und im Aufwachsen diese Welt auch problemlos die dazu notwendigen Kompetenzen erwerben. Wir Erwachsene sind die digitalen Emigranten, die von außen dazu kommen, die all das noch erwerben müssen, was zum kompetenten Umgang mit den neuen Medien notwendig. Viele meiner Kollegen lassen sich ihre E-Mails noch ausdrucken, weil sie nicht damit umgehen können. Ich denke, diese Chance zu nutzen, dass die Kinder die digitalen Eingeborenen sind und mit den Computerspielen aufwachsen und damit auch neue Lernperspektiven erwerben können, ist die Chance nicht nur für die Pädagogik, sondern auch für die Computerspielindustrie. Sie sollten genutzt werden!

Literatur

Huizinga, Johan (2001): Homo Ludens.
Mead, George Herbert (1973): Geist, Identität und Gesellschaft. Frankfurt/Main.
Prensky, Marc (2001): Digital Natives, Digital Immigrants. In: On the Horizon, Vol. 9 No. 5, October; (NCB University Press)

3   Elektronische Spiele: Wachstumsmarkt mit großer Wertschöpfung

Olaf Wolters
Bundesverband Interaktive Unterhaltungssoftware e.V., Berlin

I   Einführung

Ziel dieses Vortrags ist, eine umfassende Übersicht zum Thema Unterhaltungssoftware aus der Sicht der Industrie zu geben. Zuerst möchte ich einen kurzen Überblick über die Geschichte der Computer- und Videospiele geben, da sich aus den vergangenen Entwicklungen sowohl die heutigen Trends als auch die Versäumnisse ableiten lassen, die die Industrie in der aktuellen Marktentwicklung zu beheben wünscht. Als Beispiel könnte man den Archetypus des spielenden männlichen Teenagers nennen, der lange Zeit das öffentliche Bild prägte, ein Bild, das durch die Ausweitung auf neue Zielgruppen nun im Wandel begriffen ist. Anschließend geht es um die aktuellen Produkte auf dem Unterhaltungssoftwaremarkt, die Plattformen und Spiele. Dazu gehört natürlich auch eine Definition aus Industriesicht von Begriffen wie Unterhaltungssoftware und Onlinespiele, die in der aktuellen Debatte oft genutzt, aber selten mit präzisen Inhalten gefüllt werden. Im dritten Teil werden die Marktstrukturen näher betrachtet: Welche Wertschöpfungsstrategien gibt es, welche Faktoren spielen bei der Produktion eines Spiels eine Rolle und wie wandeln sich die Nutzerstrukturen? Zum Abschluss gebe ich eine Prognose zu den weiteren Entwicklungen und den Trends im Computer- und Videospielemarkt.

II   Die Geschichte der Computer- und Videospiele

1972-1983: Das goldene Zeitalter der Videospiele

Die Geburtsstunde der ersten Computer- und Videospiele fällt in das Ende der 50er Jahre. Amerikanische Universitäten waren die ersten Einrichtungen, an denen junge Akademiker und ihre Professoren mit dem neuen Medium Computer experimentieren konnten. Mit Steve Russel war es dann auch ein Student, der 1961 „Spacewar", das erste Computerspiel, entwickelte. Diese ersten Spiele waren nur einem kleinen Publikum zugänglich, da sie ausschließlich auf teuren Universitätsrechnern liefen.

Die eigentliche Ära der Videospiele wurde von zwei Gründervätern eröffnet: Ralph Baer entwickelte mit der Magnavox Odyssey die erste Konsole, Atari-Gründer Nolan Bushnell folgte 1972 mit dem Videotennis „Pong", das als erste Arcade-Konsole große Erfolge feierte. Bereits Anfang der 70er Jahre wurden Konsolen regelmäßig mit entsprechender Software versorgt. Die Jahre ab Mitte der 70er bis 1982 werden auch als die „goldenen Jahre" bezeichnet. Die noch junge Branche wuchs in den USA ungebremst und verzeichnete ein Rekordergebnis nach dem anderen.

Geblendet von der positiven Marktentwicklung trafen viele Unternehmen Fehlentscheidungen, die 1983 zum großen Crash der Computerspielbranche führten. Es wurden zu große Stückzahlen qualitativ minderwertiger Software produziert, die die Lager füllten, aber keine Käufer fanden. Durch die ausbleibenden Absätze gingen viele Softwareanbieter und Konsolenhersteller in die Insolvenz. Der Markt bereinigte sich selbst.

1984-1991: Homecomputer und japanische Konsolen erobern den Markt

1984 schlug dann die Stunde der japanischen Videospielhersteller Nintendo und SEGA. Sie konnten ohne nennenswerte Konkurrenz auf dem amerikanischen Markt tätig werden. Durch den Erfolg der beiden Unternehmen wagten nun auch etliche US-Unternehmen einen Neuanfang. Commodore und Atari verkauften ab 1985 erfolgreiche Heimcomputer wie den Atari ST oder den Commodore Amiga. In dieser Zeit teilte sich der Markt: Auf der einen Seite standen mit Nintendo und SEGA sowie später auch Sony und Microsoft, die Konsolenhersteller, auf der anderen Seite standen die Computerhersteller. Bisher gab es größtenteils für Spieler keinen Unterschied zwischen Konsole und Heimcomputer, da die meisten Geräte sowohl für das Spielen als auch für Heimanwendungen geeignet waren: Über diverse Erweiterungen wie beispielsweise Kassetten- und Diskettenlaufwerke, konnte eine Konsole auch in einen kleinen Heimcomputer verwandelt werden.

Die Entwicklung der letzten fünfzehn Jahre

Anfang der 90er Jahre lichteten sich bei den Heimcomputern allmählich die Reihen. Als Hauptplattform etablierten sich die IBM-kompatiblen Modelle, heute schlicht als PCs bekannt, die relativ preiswert waren und besonders den privaten Konsumenten ansprachen. Mitte der Neunziger vollzog sich auch bei den Konsolen ein rasante Entwicklung: Dort stieg auch Sony mit der Playstation in den Wettbewerb ein. Die Konkurrenz bestand aus dem SEGA Saturn und dem Nintendo 64. Es waren erstmals umfangreiche dreidimensionale Darstellungen und aufwändig gerenderte Videosequenzen technisch möglich, dieser Trend setzte sich mit der Playstation 2 fort. Kurz darauf folgten die Nachzügler Nintendo (Game Cube) und der Neuling im Konsolenmarkt Microsoft (Xbox).

Die PCs wurden in dieser Zeit bei Spielern immer beliebter: Die anfangs als Arbeitsmaschinen konzipierten Geräte konnten durch immer bessere Prozessoren und Grafikbeschleuniger erweitert werden, mit denen sich Spiele in einer bis dahin unbekannten Detailfülle darstellen ließen. Mitte der 90er Jahre ermöglichte der

Massenspeicher CD-ROM die Herstellung von Spielen mit aufwändigen Zwischensequenzen.

Die aktuelle Technik

Das Dreigestirn Nintendo, Sony und Microsoft stellte 2005/06 seine neueste Hardware vor, die so genannte neue Generation der Konsolen ist onlinefähig. Während Microsoft (Xbox 360) und Sony (Playstation3) auf Rechenpower und High-Definition-Grafik setzten, ging Nintendo einen anderen Weg: Die neue Konsole Wii steht für einfache und eingängige Bedienung, für auch durch Anfänger leicht zu erlernende Konzepte und die Erschließung neuer Zielgruppen.

Im Bereich der Computer zeigt sich der technische Fortschritt in gesteigerter Grafikkartenleistung und Mehrkernprozessoren. Auch hier wird bei der Entwicklung neuer Spiele auf High Definition Wert gelegt.

III Die Produkte

1.   Die Spiele

Definition

Was verstehen wir unter interaktiver Unterhaltungssoftware? In der Öffentlichkeit gibt es zahlreiche Definitionen zu Computer- und Videospielen und teilweise werden Produkte als Spiele betrachtet, die keine sind. Nehmen wir als Beispiel Second Life, das gerne in den Medien als Beispiel für ein erfolgreiches Onlinespiel zitiert wird. Second Life mangelt es an den typischen Merkmalen von Spielen: Es gibt keine Handlung und keine Aufgaben, die man durch Geschicklichkeit oder Nachdenken lösen könnte. Second Life ist daher eher eine dreidimensionale Online-Kommunikationsumgebung als ein Spiel. Daher ist eine präzise Abgrenzung notwendig. Deswegen möchte ich den Versuch wagen und sagen, was Unterhaltungssoftware aus unserer Sicht ist: Unterhaltungssoftware ist ein interaktives Programm mit implementierten Regeln und definierten Spielzielen, das hauptsächlich/ausschließlich der Unterhaltung dient. Dazu zählen wir die Computer- und Videospiele, Handy-Spiele oder mobile Spiele, Browser- und Werbespiele sowie die Serious Games.

Der größte Teil des Umsatzes wird aktuell über Computer- und Videospiele, die als Datenträger vertrieben werden, für die zwei großen Plattformen generiert, PCs und stationäre Konsolen. Natürlich gibt es auch zahlreiche Geschäftsmodelle und Produkte, die mit den kommenden Jahren wichtiger werden. Auf diese werde ich im Rahmen dieses Vortrags an einem späteren Punkt eingehen. Zuerst möchte ich auf die verschiedenen Arten von Spielen eingehen, die Genres.

Genres

Spiele sind in verschiedenen Genres unterteilt, die den jeweiligen thematischen Schwerpunkt beschreiben aber auch die zu erwartende Spieltiefe und ob eher Nachdenken oder Reflexe zum Meistern der Aufgaben gefragt sind. Es gibt die Adventure- und Rollenspiele, die in der Regel eine sehr hohe Spieldauer haben, die komplexe Geschichten erzählen, in der die Spieler in die Rolle eines Protagonisten schlüpfen können und wo sie vielleicht, wenn Sie Online vernetzt sind, mit mehreren anderen tausend Spielern spielen können.

Sportspiele haben eine sehr große Bandbreite und sind ein sehr erfolgreiches Genre: Fußballspiele, American Football, Basketball und Rennsportspiele sind auf den Konsolen sehr erfolgreich. Bei Actionspielen sind Reflexe, Konzentration und Geschicklichkeit gefragt, um in den schnellen und dynamischen Spielumgebungen der Actionspiele bestehen zu können. Ein bekanntes Action-Adventure ist Tomb Raider mit der berühmten virtuellen Heldin Lara Croft. Zu diesem Genre gehören auch die Shooter und Jump and Run-Spiele.

Geschicklichkeitsspiele und Denkspiele sind die einfacheren Spiele, wo man zum Beispiel eine Murmel durch ein Labyrinth leitet. Diese Spiele sind auf den mobilen Plattformen weit verbreitet. Arcade-Spiele im weitesten Sinne nennt man Beat'em ups, kleine Prügelspiele, die Sie vielleicht aus den Spielhallen kennen. Es sind aber auch Sidescroll Games sowie Flugsimulatoren und dergleichen.

Browser-Spiele

Neben den herkömmlichen Spielegenres, die üblicherweise auf Datenträgern angeboten werden, gibt es die so genannten Browser-Spiele. Diese sind Online-Spiele, die man üblicherweise über Browser wie den Internet Explorer oder Firefox auf dem PC spielt.

Meistens sind es kurzweilige Spiele, die über Flash animiert sind, es gibt aber auch Strategiespiele und Gesellschaftsspiele, die man im Wettbewerb mit anderen spielt. Diese Casual Games erfreuen sich bei Frauen und Senioren, die sich für unkomplizierte Spiele für zwischendurch interessieren, immer größerer Beliebtheit. Gerade bei Browser-Games gibt es zahlreiche Geschäftsmodelle. So werden kostenlose Spiele teilweise über Werbung finanziert. Ein anderes Modell setzt auf Advertisement Games, Spiele die mit einer Werbebotschaft verknüpft sind. Ein bekanntes Beispiel ist „Moohrhuhn", das von Phenomedia für die Whiskey-Marke Johnny Walker entwickelt wurde.

Serious Games

Spiele können aber mehr als nur unterhalten, sie eignen sich auch zur Informationsvermittlung und zur Weiterbildung. Die Serious Games bieten faszinierende Mög-

lichkeiten, da die Befassung mit Computer- und Videospielen sehr intensiv ist und
dadurch Botschaften leichter transportiert werden können. Ein gutes Beispiel ist
„Foodforce" von der Weltgesundheitsorganisation, die damit die Probleme des UN-
Ernährungsprogramms der Allgemeinheit näher bringen will. Es wurde bereits
mehrere Millionen Mal aus dem Internet downgeloaded. Es ist komplett kostenlos
und funktioniert sehr gut. Das Spiel „Darfur Is Dying" klärt über das Leiden der
Bevölkerung in Darfur auf: Man schlüpft in die Rolle eines Flüchtlings und erlebt
in verschiedenen Minispielen den täglichen Überlebenskampf in einem Flücht-
lingscamp.

Auch in Deutschland werden Serious Games entwickelt. Ein prominentes Beispiel
ist das Spiel „Luka und das geheimnisvolle Silberpferd", das vom Frankfurter Entwicklungsstudio DECK 13 im Auftrag der Kriminalpolizeilichen Prävention der
Länder und des Bundes erstellt wurde. Es ist ein Spiel zur Sensibilisierung von Kindern für Themen, wie gewaltfreie Konfliktlösung und Zivilcourage. „Luka" ist ein
sehr schönes Point-And-Click- Adventure, das mit dem „Lara Education Award
2007" ausgezeichnet wurde. Serious Games werden unter anderem auch als komplexe Simulationen in der Ausbildung, in Schulen oder in der Medizin eingesetzt.
Flugsimulatoren, die bei der Pilotenausbildung genutzt werden, sind ein klassisches
Beispiel von Serious Games in der Ausbildung.

Nach diesem Überblick zu Unterhaltungssoftware möchte ich mich den Geräten
widmen, die zur Nutzung der Spiele notwendig sind, den Plattformen.

2.   Die Plattformen

PC

Die PC-Plattform ist als Spieleplattform mit Abstand am weitesten verbreitet: Fast
jeder hat zuhause einen Computer stehen, der möglicherweise auch spielfähig ist.
Die meisten Leute haben auch schon einfache Spiele wie „Solitär" oder „Mine-
sweeper" gespielt. Diese Plattform ist deswegen interessant, weil es ein großes
Softwareangebot gibt, das über vielfältige Quellen beziehbar ist. Man kann die
Spiele downloaden, direkt Online spielen oder auch als CD/DVD – Heftbeilage von
Computerspielemagazinen erwerben. Für Anbieter ist der PC aufgrund seiner Viel-
seitigkeit eine attraktive Plattform. Die Produktvielfalt wird durch die zahlreichen
Hobbyisten noch weiter bereichert, die Spiele oder Spielerweiterungen für diese
Plattform entwickeln, um ihre Fertigkeiten zu prüfen und zu trainieren.

Konsolen

Bei den kommerziellen Spielkonsolen, die einen anderen Anspruch haben, sieht das
etwas anders aus. Hier wird besonders wert auf High-End Unterhaltung gelegt,
dementsprechend sind die Entwicklungsprozesse komplexer und teurer, dementsprechend ist die Produktvielfalt nicht ganz so groß wie bei den PCs. Wenn auch

die Konsolen Playstation 3, Xbox 360 und die Wii auf dem internationalen Markt den Ton angeben, gibt es für regionale Märkte Nischen, die mit spezifischen anderen Plattformen besetzt werden. Asien ist hierfür ein klassisches Beispiel. Eine weitere Besonderheit ist das Lizenzierungsmodell seitens der Plattformanbieter. Die Anbieter wollen sicherstellen, dass die Produkte, die auf ihren Plattformen angeboten werden, gewissen Qualitätsanforderungen entsprechen. Dies erschwert den Spielentwicklungsprozess, da das Erhalten einer Lizenz mit einem hohen technischen und finanziellen Aufwand verknüpft ist, den nicht jeder Spieleanbieter leisten kann.

Die erfolgreichsten Spiele auf dieser Plattform sind einfach zugänglich und actionlastig wie z.B. Rennspiele, Arcade oder Jump and Run. Konsolenspiele sind nach dem „Plug and Play" Prinzip gestaltet. Der Spieler kann sofort nach Einschalten der Konsole loslegen, schnellen Spielspaß haben und auch schon nach kurzer Zeit mit dem Spielen wieder aufhören.

Natürlich gibt es für Konsolen auch komplexere Spiele wie z.B. Rollenspiele, die vom PC portiert wurden. Diese bleiben jedoch eher die Ausnahme, die erfolgreichsten Spiele sind eher dem Action/Adventure Bereich zuzuordnen.

Die mobilen Plattformen

Zuletzt wären noch die mobilen Plattformen zu erwähnen. Diese teilen sich in tragbare Konsolen, so genannte Handhelds, Handy und Pocket PCs auf. Die mobilen Plattformen können überall genutzt werden wie zum Beispiel in öffentlichen Verkehrsmitteln, Cafés oder auch im Park, sie sind von der Gestaltung kompakt, so dass sie bequem in eine Jackentasche passen. Tragbare Konsolen sind wohl die beliebtesten mobilen Spielplattformen, einer der bekanntesten Vertreter ist der Game Boy, der mit Spielen wie „Tetris" einen Siegeszug durch die Welt antrat. Das aktuelle Nachfolgemodell des Game Boys, der Nintendo DS, hat einen enormen kommerziellen Erfolg. Das für den Nintendo DS entwickelte Spiel „Dr. Kawashimas Gehirnjogging" konnte neue Nutzergruppen wie Senioren überzeugen und hat maßgeblich zum Erfolg des Nintendo DS beigetragen. Das andere erfolgreiche Handheld ist die Playstation Portable (PSP) von Sony, die mit guten multimedialen Eigenschaften auftrumpft. Man kann Filme anschauen, MP3s hören oder auch im Internet surfen.

Neben der Handhelds, die den Löwenanteil des stetig wachsenden Umsatzes im mobilen Spielsegment ausmachen gibt es noch andere mobile Plattformen wie beispielsweise Handys oder Pocket-PCs. Das Problem bei diesen Plattformen ist im Augenblick, dass es keine einheitliche Technik gibt. Bei der Entwicklung von Handyspielen müssen die verschiedenen Betriebssysteme berücksichtigt werden, was die Kosten in die Höhe treibt. Deswegen ist es auch für Anbieter und Produzenten von Handy-Spielen eine sehr große Herausforderung, ein umfangreiches Produktportfolio anzubieten und vorzubereiten.

IV Der Markt

Marktdaten International

Der Computer- und Videospielemarkt ist das am dynamischsten wachsende Segment der Medienwirtschaft. 25 Mrd. Euro wurden im Jahr 2006 weltweit umgesetzt, allein im ersten Quartal 2007 stieg der Umsatz in den USA um 33%. Die europäischen Marktzahlen geben auch allen Grund zum Optimismus. Im ersten Halbjahr 2007 wuchs der Markt in Großbritannien um 40%, das Wachstum in Deutschland umfasste für denselben Zeitraum 17%.

Deutschland selbst ist der zweitgrößte Markt für Unterhaltungssoftware in Europa hinter Großbritannien, dicht gefolgt von Frankreich. Weltweit macht Deutschland einen Marktanteil von ungefähr fünf Prozent aus, aufgrund des hohen Umsatzwachstums in Deutschland und innovativer Entwickler wie Crytek können wir auch hier mit einer Steigerung rechnen. Insgesamt wurden 2006 in Deutschland knapp 45 Millionen Spiele verkauft, dies entspricht einem Gesamtumsatz von 1,12 Mrd. Euro. Wir hatten ein Wachstum von 8%, gehen aber aufgrund der hervorragenden Zahlen für das erste Halbjahr 2007 davon aus, dass wir dieses Jahr zweistellig wachsen werden und die Erfolgsgeschichte weiter schreiben können.

Getrieben wird der Markt im Moment von den Nintendo Plattformen. Einmal wäre da die tragbare Konsole Nintendo DS zu nennen sowie die stationäre Konsole Nintendo Wii. Auch die Playstation 2 von Sony verkauft sich nach über sieben Jahren immer noch sehr gut. Im Konsolenbereich sorgen frische Spielkonzepte wie „Sing-Star" und „Guitar Hero", beides „Partyspiele", für die Gewinnung neuer Zielgruppen und die Stärkung der Family-Entertainment Sparte. So war „Guitar Hero" in den USA das meistverkaufte Spiel des letzten Jahres, was dazu führte, dass es zu Verschiebungen der Marktanteile kam. Einzelne Titel haben also durchaus Trendsetter-Funktion.

Doch auch wenn weltweit die Konsolen auf dem Vormarsch sind, bleibt der PC in Deutschland nach wie vor eine beliebte Spielplattform. Dieser Teil des Marktes wächst zwar nicht so dynamisch wie bei den Konsolen, bleibt aber dennoch stabil. So betrug 2006 der Anteil der PC-Spiele in Deutschland 45%, in Frankreich sind es beispielsweise nur 29%, in Großbritannien sogar nur 22%. Wir gehen davon aus, dass der Konsolenbereich der Bereich mit dem meisten Nachholbedarf ist, hier wird die Branche sicherlich in den nächsten Jahren noch sehr stark und sehr intensiv weiter wachsen. Diese Vorliebe für den PC als Plattform findet sich auch bei den deutschen Entwicklern. Dass hier der Anschluss im internationalen Vergleich verpasst wird, ist jedoch nicht zu befürchten. Immer mehr Entwickler diversifizieren auch hierzulande ihr Produktportfolio und widmen sich vermehrt den Konsolen.

Der deutsche Markt

Bei dieser Gelegenheit möchte ich ein paar erfolgreiche deutsche Titel vorstellen. „Farcry", ein Ego-Shooter von dem Entwicklerstudio Crytek ist ein Spiel, das nicht nur in Deutschland sehr erfolgreich war, sondern auch weltweit. Der Nachfolgetitel „Crysis" wird schon vor seiner Erscheinung als eines der besten Spiele dieses Jahres gefeiert und wird wahrscheinlich international ein riesiger Erfolg. „Sacred" ist ein Rollenspiel, von der Firma Ascaron in Deutschland entwickelt. Die „Siedler" sind den meisten möglicherweise ein Begriff. Es ist die erfolgreichste Spielereihe made in Germany. Die Anno-Reihe ist ähnlich erfolgreich, Anno 1503, 1602, 1701 haben sich in Deutschland sehr gut verkauft. Die Gothic-Reihe ist auch international sehr erfolgreich, ein in Deutschland entwickeltes Rollenspiel. „Spellforce" ist eine Mischung aus einem Rollen- und Strategiespiel.

Die meisten dieser Spiele sind vorrangig für die PC-Plattform erschienen, ein klarer Beweis für die Präferenzen deutscher Entwickler. Es gibt jedoch auch für die Konsolen erfolgreiche deutsche Spiele. Ein Beispiel ist „Yager", das in Berlin für die Microsoft Xbox entwickelt wurde. Auch auf der immer noch am meisten verkauften und am weitesten verbreiteten Spielkonsole Playstation 2 gibt es Spiele wie „RTL Skispringen" oder „Legend of Kay", beide in Frankfurt entwickelt. Die deutschen Entwickler sind also durchaus in der Lage, für den Weltmarkt zu produzieren: Es gibt sehr viele schöne, erfolgreiche Spiele aus Deutschland.

Die Nutzer

Noch etwas zu den Nutzern, unserer Zielgruppe. Der durchschnittliche Nutzer ist über 20 Jahre alt, Student oder berufstätig. Es wird teilweise behauptet, dass Unterhaltungssoftware in erster Linie von Spielern gespielt wird, die eher „bildungsfernen" Schichten angehören. Diese Behauptung deckt sich jedoch nicht mit unseren Erhebungen. Nach unseren Erkenntnissen und den uns vorliegenden Zahlen ist es so, dass interaktive Unterhaltungssoftware eher im gutbürgerlichen Mittelfeld liegt, was auch dadurch bedingt ist, dass es im Endeffekt kein wirklich günstiges Hobby ist. Auffallend ist das stetige Wachsen des Anteils weiblicher Nutzer. Waren 2004 knapp 20 % der Nutzer in Deutschland weiblich, sind es mittlerweile fast 30%. In den USA ist der Anteil fast ausgeglichen, etwas weniger als 50% aller Spieler sind dort weiblich.

Neue Produkte, die den Interessen und Bedürfnissen weiblicher Spieler angepasst sind, sollen in Deutschland für weiteres Wachstum bei dieser Zielgruppe sorgen. Beispielsweise haben Spiele wie „SingStar" einen sehr hohen Anteil weiblicher Spieler, der deutlich höher ist als der der männlichen Spieler. Das erfolgreichste Spiel im letzten Jahr, „die Sims 2", hat deutlich mehr weibliche als männliche Spieler. Diese Spiele berücksichtigen die Interessen der weiblichen Spieler, die weniger wettbewerbsorientiert sind, sondern sich eher für die kommunikativen Aspekte eines Spiels interessieren. Insgesamt gibt es bei dieser Zielgruppe sicherlich einen großen Nachholbedarf, doch der diesbezüglich von der Industrie beschrittene Weg erweist sich bisher als erfolgreich. Wir können davon ausgehen, dass wir dank des stark verbreiterten Spielangebots in einigen Jahren bei den Spielern ein fast ausgeglichenes Geschlechterverhältnis haben werden, was sich sicherlich positiv auf die Umsatzzahlen auswirken wird.

Generell kann man sagen, dass Computer- und Videospiele aus der „Freakecke" herausgekommen sind. Mittlerweile geht es immer mehr um Familienunterhaltung, mit den Konsolen der nächsten Generation sind wir im Wohnzimmer angekommen. Es gibt sehr viele Leute, die spielen und mittlerweile auch eine sehr große Bandbreite an Inhalten. Das spiegelt sich entsprechend bei den Nutzern wieder, die alle unterschiedlich intensiv spielen und unterschiedlich viel Geld für ihr Hobby ausgeben. Diese Ausweitung auf neue Zielgruppen wird in Zukunft für das Wachstum des Unterhaltungssoftwaremarktes eine wichtige Rolle spielen.

Wertschöpfungskette

Kommen wir zu den relevanten Akteuren der Wertschöpfungskette bei Unterhaltungssoftware. Zuallererst haben wir die Entwicklerstudios, die den kreativen Part des Produktionsprozesses tragen und in enger Zusammenarbeit mit den Technologieanbietern bzw. den Publishern und Investoren zusammenarbeiten. Weitere Akteure sind die Plattformhalter, diejenigen Anbieter, die eine Hardwareplattform zum Spielen anbieten. Das sind zum Beispiel die Konsolenanbieter, die einerseits eine Technologie anbieten, andererseits aber auch den Support liefern und damit auch eine große Rolle spielen. Publisher und Investoren sind diejenigen, die in der Regel die Projekte finanzieren und dann auch die Marktvorbereitung treffen und dafür Sorge tragen, dass die Produkte am Markt auch erfolgreich sein können. Distributoren, Vertrieb und Marketing sorgen dafür, dass die Spiele so in den Markt kommen, dass sie sich gut verkaufen. Das Marketing eines Produktes fällt dabei meist in den Aufgabenbereich des Publishers. Am Ende der Kette steht der Handel, der mit dem Verkauf von Unterhaltungssoftware erhebliche Umsätze generiert; wenn man in die aktuelle Elektronikmarktwerbung schaut kann man feststellen, dass Spiele dort mittlerweile stark beworben werden.

Diese Akteure sind mittlerweile immer mehr miteinander verzahnt: Die Partnerschaft mit den Technologieanbietern und Plattformhaltern ist mittlerweile sehr wichtig beim Produktionsprozess, da die Produktionskosten in den letzten Jahren sehr stark gestiegen sind und damit auch die Beteiligung an Projekten teurer wird. Es gibt mittlerweile Spieleprojekte, an denen deutlich mehr als 300 Leute mitentwickeln und mitarbeiten. Große kanadische Entwicklungsstudios haben teilweise sogar mehr als 3000 Mitarbeiter, was notwendig ist, um Spiele in der höchsten Qualität herzustellen. Das führt natürlich dazu, dass die Entwicklungskosten steigen. Daher bietet sich die Suche nach Kooperationen mit anderen Marktteilnehmern an wie beispielsweise mit Technologieanbietern. Outsourcing ist ein Argument, entsprechend auch Spezialdienstleistungen anzubieten.

Konsumenten und Community

Last but not least haben wir die treue Nutzerbasis, die Community. Bis Mitte der 90er waren Spieler noch „Einzelkämpfer", mit den ersten Netzwerkpartys und der Zunahme schneller Internetverbindungen wurde das Spielen immer mehr zum gemeinschaftlichen Erlebnis. Besonders ehrgeizige Spieler praktizieren ihr Hobby auf sehr hohem Wettbewerbsniveau, das Stichwort heißt hier eSports. Das wettbewerbsmäßige Spielen von Computer- oder Videospielen im Einzel- oder Mehrspielermodus wird in Deutschland bereits von 1,5 Mio. Spielern, die in zirka 40.000 so genannten Clans (eSport-Teams) organisiert sind, regelmäßig als Freizeitbeschäftigung betrieben. Die Clans zeichnen sich durch gemeinsames Training und den Wettkampf, aber auch durch andere gemeinsame Freizeitaktivitäten wie beispielsweise das Betreiben einer eigenen Homepage aus. Beim eSport sind neben der reinen Spielkompetenz auch Reaktionsgeschwindigkeit und taktisches Verständnis unerlässlich

Blockbuster: Das Standbein des Unterhaltungssoftwaremarkts

Der Unterhaltungssoftwaremarkt ist ein Hit-Markt, was bedeutet, dass nicht alle Produkte, die auf den Markt kommen, kommerziell erfolgreich sind. Wir gehen davon aus, dass 10% aller Titel ungefähr 70% des Umsatzes machen. Dadurch ist der Herstellungsprozess eines Spiels mit einem gewissen Risiko verbunden, da die wachsenden Produktionskosten wieder eingefahren werden müssen. Gleichwohl ist es immer noch interessant, hochwertige Spiele zu produzieren, weil bei durchschnittlich 30 Millionen US Dollar Produktionskosten mit einem Toptitel noch immer gut 150 Millionen US Dollar umgesetzt werden können. Deshalb kann man davon ausgehen, dass die so genannten Triple A, diese hochwertigen Produktionen, auch in Zukunft eine zentrale Rolle spielen werden. Hier ist der Unterhaltungssoftwaremarkt ähnlich wie die Filmindustrie aufgestellt, wo Blockbuster einen wesentlichen Teil des Umsatzes generieren.

Games-Blockbuster verkaufen sich zu mehr als 10 Millionen Einheiten, der durchschnittliche Preis liegt weltweit bei 40-50 Dollar. Mit einem einzigen Spiel weltweit setzt man schon sehr viel Geld um. Ein solcher Titel kann massiv zum Erfolg eines Unternehmens beitragen. Das ist sehr verkürzt gesagt, aber wenn man tiefer in die Materie schaut, wird man feststellen, dass es sich dabei um ein sehr lukratives Geschäft handelt. Dies führt dazu, dass natürlich andere Titel quer subventioniert werden müssen, was den Einstieg in das oberste Qualitätssegment für neue Anbieter nicht sehr einfach macht. Gleichzeitig ergeben sich durch neue Produktionswege wie Online-Distribution oder digitale Distribution aber auch neue Möglichkeiten für Entwickler und Produzenten.

V   Zukunftsaussichten

Was sind die Zukunftsaussichten? Wo geht die Reise hin? Online-Spiele, Mobile Inhalte und Casual Games sind die neuen Wachstumsmärkte in der Softwarebranche.

Online-Spiele

Durch die Zunahme der Breitband-Internet Anschlüsse ist der Onlinespiele-Markt für die Gamesbranche immer interessanter geworden. Mittlerweile können die meisten Spiele, die auf Datenträgern verkauft werden, auch Online gespielt werden. Da aber unter dem Begriff „Online-Spiele" alles Mögliche subsumiert wird, muss man bei der Definition vorsichtig sein. Es gibt die Spiele, die Online vertrieben werden. Dann gibt es die online-fähigen Spiele, wo man mit mehreren Leuten vernetzt spielen kann. Als letztes wären dann die Spiele zu nennen, die exklusiv Online gespielt werden können, darunter die kommerziell erfolgreichen Massively Multiplayer Online Role-Playing games (MMORPG) wie beispielsweise „World of Warcraft".

Online-Rollenspiele sind besonders interessant, da sie neue Geschäftsmodelle ermöglichen. Abo-Gebühren, möglicherweise auch Item-Selling, das Verkaufen von Gegenständen in der Spielwelt für echtes Geld. Ob die für dieses Marktsegment prognostizierten hoch optimistischen Wachstumzahlen tatsächlich zutreffen, lässt sich auf einer fundierten Basis nicht genau sagen. Man muss zudem darauf achten, welche Spielkonzepte und Geschäftsmodelle am Ende des Tages von den Nutzern angenommen werden. Insbesondere bei der Ansprache neuer Zielgruppen muss man dies berücksichtigen, da es dort momentan ein großes Wachstumspotential gibt.

Hier ein kurzes Beispiel von Spannungen, die zwischen Anbietern und Spielern durch Änderungen des Geschäftsmodells entstehen können. Im Augenblick herrscht die Auffassung, dass im Online-Bereich die meisten Angebote kostenlos zu sein haben. Als das sehr erfolgreiche Online-Rollenspiel „Guild Wars" im Juli 2007 kostenpflichtige Inhalte zur Nutzung anbot, ging eine Welle des Protestes durch die Community. Als Reaktion auf die Umstellung zur kostenpflichtigen Abgabe von Content hat die Community damals einen Sitzstreik in dem Online-Rollenspiel gemacht. Die Spieler wollten dagegen protestieren, dass neben der reinen, zu kaufenden Zugangssoftware einzelne Spielinhalte, anstatt das sie kostenlos implementiert werden, entgeltlich erworben werden müssen. Daher müssen die Anbieter beim Implementieren von solchen Erlösmodellen immer auch die Interessen der Community berücksichtigen, die im Zweifelsfall einfach zu anderen Spielen wechselt. Bedenken muss man allerdings auch, dass die Produktion eines qualitativ hochwertigen Online-Rollenspiels mit hohen Kosten und einer langen Entwicklungszeit verbunden ist.

Weitere Aspekte, die ich kurz anschneiden möchte, sind das Angebot von neuen Inhalten für Spiele, die kostenpflichtig per Download erworben werden können sowie die verstärkte Online-Distribution von Titeln. Durch letztere kann man die Wertschöpfungskette abkürzen und damit für den Konsumenten preislich attraktivere Angebote schaffen.

Mobile Inhalte

Das Angebot an mobilen Inhalten hat sich in den letzten Jahren vervielfacht. Diesen stark wachsenden Markt gibt es erst seit ein paar Jahren. Software für Mobiltelefone und Handhelds haben im Augenblick auf jeden Fall die größten Zuwachsraten. Der Hintergrund ist der, dass die für diese Plattformen entwickelten Spiele zu wesentlich günstigeren Preisen als im stationären Bereich angeboten werden. Außerdem ist durch die geringen technischen Anforderungen auch die Entwicklung deutlich günstiger und damit liegt die Schwelle, ab der man Gewinne erwirtschaften kann, deutlich tiefer. Insofern boomt die Entwicklung von mobilen Inhalten und es ist hier weiterhin mit einem starken Wachstum zu rechnen.

High Definition

Ein Trend, der sich langsam abzeichnet, ist, dass sich der Markt durch die neuen Konsolen und Grafikschnittstellen stark in Richtung High Definition entwickelt. Diese Entwicklung kommt allerdings nicht nur aus dem Spielebereich, sondern auch aus den anderen audiovisuellen Medienbereichen, insbesondere aus dem Filmbereich. Wenn die Fernsehsender auf High Definition Broadcasting umgestellt haben, wird davon auszugehen sein, dass mehr oder weniger flächendeckend irgendwann auch High Definition Fernsehen zur Verfügung steht. Das erleichtert die Verbreitung von High Definition Spielkonsolen. Es ist ein sehr spannendes Thema, da man dann neue Zielgruppen direkt in ihren Wohnzimmern abholen kann. Für die Zukunft kann man zusammenfassend davon ausgehen, dass die meisten Angebote High Definition sein werden.

Abschließend lässt sich festhalten, dass das verhältnismäßig junge Medium der Computer- und Videospiele in Zukunft nicht mehr aus den Wohnzimmern wegzudenken sein wird und sich stetig zu dem Unterhaltungsmedium der Zukunft etablieren wird.

4 Spielemarkt aus der Sicht der Spiele-Entwickler und des Risikokapitals

Frank Holz
10Tacle Studios AG, Darmstadt

Es geht in meinem Vortrag darum, Hintergrundinformationen zum Thema Spielemarkt zu geben, zum einen aus Entwicklersicht, zum anderen aber auch aus der Sicht des Risikokapitals, d.h. die Frage zu klären, wo kommen eigentlich die Gelder her, die man braucht, um diese umfangreichen Spieleprojekte realisieren zu können. Da stehen Zahlen im Raum bis zu 30 Millionen US $. Wo kommt denn das her und wie kriegt eine junge Firma, die an den Markt kommt, Investoren überzeugt in ein solches Themen investieren?

10TACLE STUDIOS AG	
Gründung	**August 2003**
CEO	**Michele Pes**
Firmensitz	**Darmstadt, Deutschland**
Geschäftsfeld	**Entwicklung von Computer und Videospielen**
Entwicklungs-Studios	**Europa: 6 / Asien: 1**
Umsatz	**2004: 8,4 Mio. Euro, EBIT 0,36 Mio. Euro**
	2005: 17,9 Mio. Euro, EBIT 1,68 Mio. Euro
	2006: 29,3 Mio. Euro, EBIT 4,71 Mio. Euro
Mitarbeiter	**ca. 400 (weltweit)**
Börsennotierung	**Geregelter Markt (General Standard)**
	der Frankfurter Wertpapierbörse
	Erstnotierung am 22.06.2006

Bild 1

Ich möchte ganz gern mit einem Kurzportrait unserer Firma starten (Bild 1). Die 10Tacle Studios AG ist ein Entwicklungsunternehmen für Computer- und Videospiele. Wir sitzen in Darmstadt, sind 2003 gegründet, haben mittlerweile sieben Entwicklungsstudios. Wir sind von 2004 bis 2007 deutlich gewachsen. Mittlerweile beschäftigen wir 400 Mitarbeiter, davon rund 350 rein in der Spielentwicklung weltweit. Wir haben den Schritt gewagt, Mitte 2006 an den Kapitalmarkt zu gehen, d.h. wir sind im geregelten Markt, im so genannten General Standard der Frankfurter Wertpapierbörse seit Juni 2006.

Positionierung der 10TACLE STUDIOS

- **Führendes unabhängiges internationales** Entwicklungs- und Produktionsunternehmen **für hochwertige Computer-, Video- und Onlinespiele (Games)**

- **Produktion auf** internationalem Top-Niveau **mit sieben eigenen Entwicklungs-Studios in Europa und Asien**

- **Produktportfolio deckt alle relevanten und wachstumsstarken** Genres **des Games-Marktes ab.**
  ➡ **KEINE Ego-Shooter!**

Bild 2

Noch einmal ganz kurz zur Positionierung unseres Unternehmens (Bild 2): internationales Entwicklungs- und Produktionsunternehmen für Computer- und Videospiele. Wir können mittlerweile sagen, dass wir für alle relevanten Plattformen entwickeln. Wichtig ist, dass wir keine Ego-Shooter entwickeln.

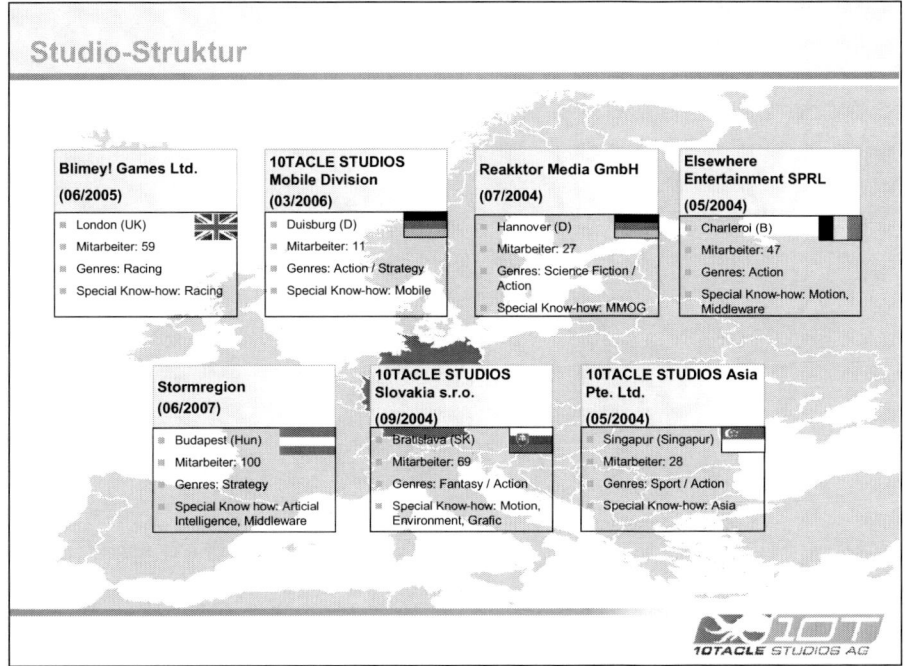

Bild 3

Mittlerweile haben wir sieben Entwicklungsstudios (Bild 3), d.h. wir entwickeln nicht nur in Deutschland, sondern wir haben ein Studio in London, das spezialisiert ist auf Racingspiele. Wir haben ein Studio in Duisburg. Das ist die 10Tacle Studios Mobile, die wir gegründet haben, weil sie sich wirklich nur auf diesen Markt für tragbare Videospiele konzentrieren sollen, nämlich Nintendo DS und Playstation Portable. Die Reaktor-Media in Hannover ist spezialisiert auf Massive Multiplayer Online Games, wie wir vorhin auch gehört haben, Spiele, die man in erster Linie online zusammen spielt. Elsewhere Entertainment in Belgien ist spezialisiert auf Action Games. Dann haben wir die Firma Stormregion mit Sitz in Ungarn, die auf Strategiespiele spezialisiert ist. 10Tacle Studios in Slowakia macht Fantasy Action Gamens. Das letzte Studio in der Reihe haben wir in Singapur gegründet.

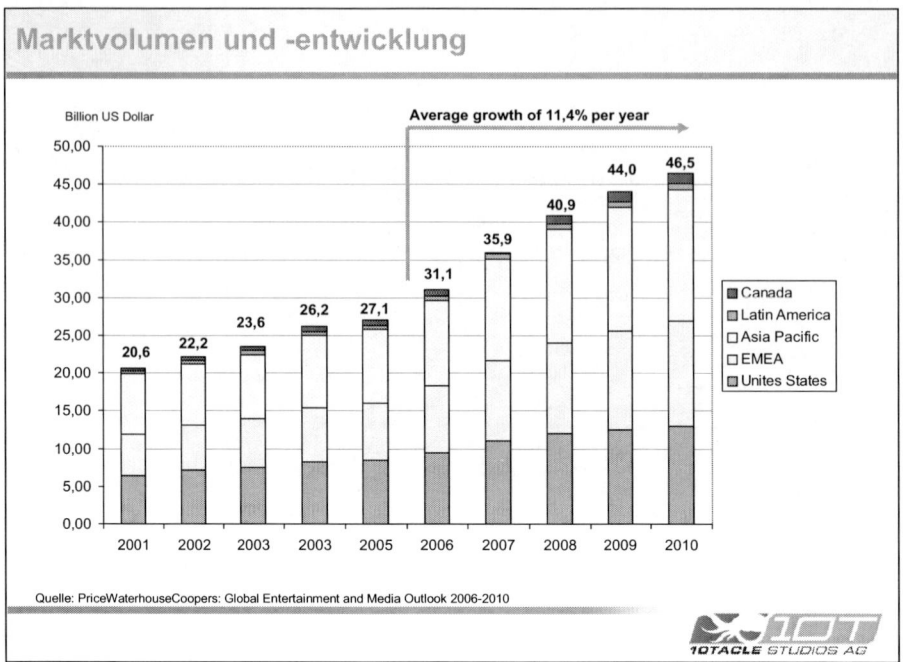

Bild 4

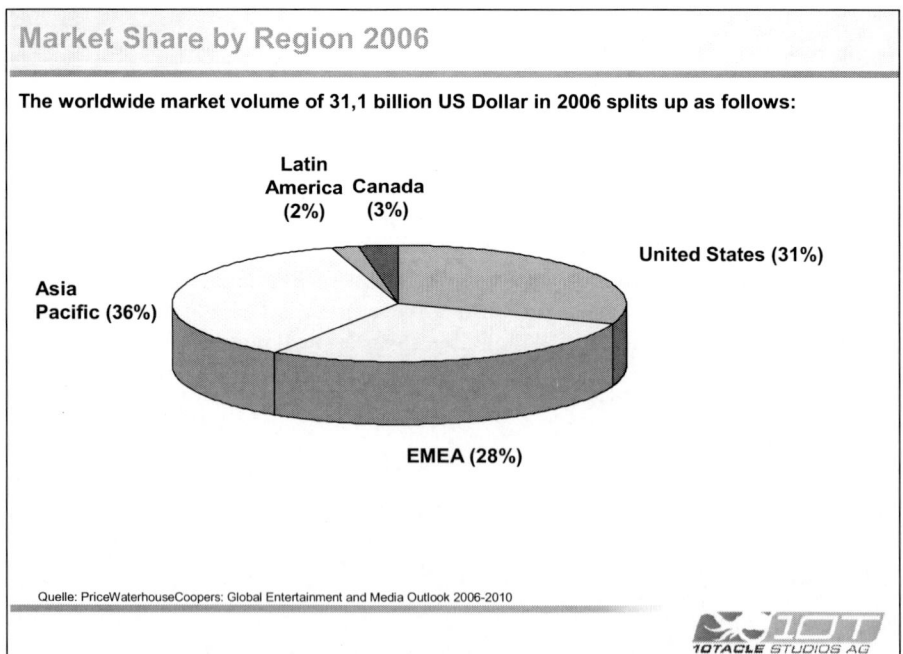

Bild 5

Warum? Der asiatische Markt ist der größte Markt in der Welt für Video- und Computerspiele (Bilder 4 und 5). Dieser Markt bedingt aber ganz eigenen Content.
Wenn Sie Spiele in Asien verkaufen wollen, brauchen Sie asiatischen Content, und
den können leider nur Asiaten für Asiaten entwickeln. Deshalb haben wir gesagt,
dass wir ein Entwicklungsstudio in Singapur gründen werden. Wir haben dort mit
der Regierung gesprochen und bekommen mittlerweile auch Förderung durch die
Regierung in Singapur. Wir haben mittlerweile ein großes Studio dort aufgebaut
und entwickeln Spiele für den asiatischen Markt.

Aktuell in Entwicklung bei 10TACLE STUDIOS

10TACLE STUDIOS hat aktuell:

15 Spiele-Projekte in der Entwicklung

davon werden:
       11 Projekte von eigenen Studios entwickelt
       4 Projekte von externen Studios entwickelt

3 Projekte haben ein Entwicklungsvolumen von	**< 1 Mio. €**
9 Projekte haben ein Entwicklungsvolumen von	**1 – 5 Mio. €**
3 Projekte haben ein Entwicklungsvolumen von	**> 5 Mio. €**

Bild 6

Was kostet eine Spielentwicklung? Wir haben bei der 10Tacle Studios derzeit rund
15 Spieleprojekte in der Entwicklung mit Budgets zwischen 1 und über 5 Millionen
Euro (Bild 6). Wir sind noch nicht im Bereich der 30 Millionen US $. Das sind
Größenordnungen, die in US Studios definitiv aufgerufen werden für Spitzenpro-
duktionen.

Fonds als Finanzierungsinstrument für Spieleproduktionen

- **10TACLE STUDIOS verfügt über innovative Finanzierungsmodelle für Spieleproduktionen wie internationale** Fonds **oder** Private Placements.

- **10TACLE STUDIOS ist exklusiver Entwicklungs-Partner folgender Fonds:**

  - **AAA Capital Game Fonds Nr. 1 (EUR 14 Mio, Deutschland)**

  - **AAA Capital Game Fonds Nr. 2 (EUR 22 Mio, Deutschland)**

  - **Nordic Fonds, FERRARI Fonds (EUR 14 Mio, Deutschland)**

  - **Asia Games Development Private Equity Funds (USD 10 Mio in Q1, Singapur)**

  Der in Singapur verwaltete Fonds wurde von der Sinotime Asset Management Ltd. (Hong Kong) aufgelegt und soll kontinuierlich in die Entwicklung neuer Computer- und Videospiele investieren.

Bild 7

Die Frage ist natürlich: Wo kommt das Geld her für solche Produktionen? Wer gibt Risikokapital und mit welcher Motivation? Da kommt man wieder auf die Frage zurück, wie denn überhaupt eine 10Tacle Studio so schnell wachsen konnte, wie wir das hingelegt haben? Wir nutzten Medienfonds zur Finanzierung unserer Spieleproduktionen (Bilder 7 und 8). Man kennt diese Medienfonds, die genutzt werden, um Filme zu finanzieren. Viele Hollywoodproduktionen wurden in der Vergangenheit sehr stark über Filmfonds finanziert. Wir haben das übertragen auf den Gamesbereich.

Asia Games Development Private Equity Funds

- **10TACLE STUDIOS ist exklusiver Entwicklungs- und Vermarktungspartner des** „Asia Games Development Private Equity Funds" (Singapur)

    - **Der in Singapur verwaltete Fonds wurde von der Sinotime Asset Management Ltd. (Hong Kong) aufgelegt und soll kontinuierlich in die Entwicklung neuer Computer- und Videospiele investieren.**

- **Platzierungsvolumen in Höhe von ca. 50 Mio. US-Dollar**

- **Geplante Projektbeauftragungen in 2007**
    „Ready 2 Rumble" (Wii)   => beauftragt
    „Boulder Dash" (NDS, PSP)   => beauftragt
    „Ferrari" (Wii, NDS)   => beauftragt
    „Stormregion 1" (XBOX360, PS3)   => Vorvertrag
    „Stormregion 2" (XBOX360, PS3)   => Vorvertrag
     2 weitere Produktionen   => in Verhandlung

Bild 8

Es hat uns natürlich gefreut hat, dass so viele Leute in Deutschland in diese Fonds investiert haben. Die Frage ist jetzt warum? Gamefonds haben eine kurze Laufzeit von ca. drei Jahren und bieten für diesen Zeitraum eine sehr interessante Verzinsung. Darüber hinaus sind die Produktionen der 10tacle studios AG durch sogenannte Completion Bonds gesichert. Minimieren somit das Ausfallrisiko für den Anleger.

Prognose 2007

- Umsatz   52,0 Mio. Euro   (2006: 29,3 Mio. Euro) => über 75% Wachstum

- EBIT   9,3 Mio. Euro   (2006: 4,7 Mio. Euro) => über 95% Wachstum

- **Wachstumstreiber sind:**

  - MTV Online Welt
    => Erlöse aus Entwicklung (25 Mio. Euro in 2007 / 2008)
    Ertragsbeteiligung ab 2008

  - Asia Games Development Private Equity Funds
    => Beauftragung weiterer Projekte in 2007, davon 2 Projekte für Studio
    Stormregion mit Gesamtvolumen 14 Mio. Euro geplant

  - Akquisition des Entwicklungsstudios Stormregion (Ungarn)
    => Erweiterung der Entwicklungskapazitäten der Gruppe
    => Beauftragungen durch Asia Games Development Private Equity Funds

Bild 9

Unsere Aussichten sind ausgesprochen positiv. Bild 9 zeigt unsere Umsatz- und Ertragserwartungen.

5 Konvergenz von Spielen und Fernsehen

Georg Broxtermann
ProSiebenSat1 Media AG, Unterföhring

Wie gerade schon angesprochen möchte ich auf das Thema Vernetzung von TV und Games eingehen. Ich möchte Ihnen drei Bereiche vorstellen, wo wir eine hohe Vernetzung von TV und Games sehen. Da ist einerseits das Thema, wie TV Medienhäuser Games publishen. Weiterhin möchte Ihnen das ganze Thema Ingame-Advertising an einem Beispiel zeigen und dann ein ganz neues Projekt bei uns aus dem Haus vorstellen, was intern bei uns „Interactive Story Telling" genannt wird – das ist der Biber Lars Vegas.

Wenn Sie vor sechs oder sieben Jahren an die ProSiebenSat1 Media AG gedacht haben, dann hatten Sie wahrscheinlich nur unsere vier Sender ProSieben, Sat.1, Kabel1 und N24 im Sinn. Mittlerweile hat sich die ProSiebenSat1 enorm erweitert. Medienunternehmen sind gefordert, in neue Märkte reinzugehen. Mittlerweile haben wir mit 9Live das führende TransaktionsTV in Deutschland. Wir haben einige PayTV Sender in Deutschland gelauncht. Wir haben mit maxdome die führende Video on Demand Plattform in Deutschland. Wir sind führender Anbieter von Mobile TV, und wir haben mittlerweile ein Netzwerk an Websites, die weit über unsere eigenen Sendermarken hinausgehen. Durch Akquisition haben wir zum Beispiel Sites wie MyVideo mit in unser Portfolio geholt und haben insgesamt über zwei Milliarden Seitenabrufe im Monat.

Ganz kurz noch einmal zum Thema Markt. Das ist auch eigentlich das, was heute schon mehrmals gesagt wurde. Das sind die Zahlen angefangen von PWC, die zeigen, dass der Markt an sich im Durchschnitt um 11,4% wächst. Aber das wirklich absolut spannende Thema ist der ganze Online Games Markt. Auf den fokussieren und konzentrieren wir uns hauptsächlich. Das größte Wachstum liegt darüber hinaus in der digitalen Distribution von Spielen. Es wird vermutet, dass im Jahr 2010 europaweit etwa ein Drittel aller Games digital distribuiert, also runtergeladen und/oder online gespielt werden. Games ist von den drei Entertainment Segmenten Musik, Movie, Games der größte Markt und soll in Europa 2010 2,3 Milliarden groß sein.

Der Markt ist extrem spannend, was wir bereits spüren. Wir sind im letzten Jahr dreistellig gewachsen in diesem Segment. Es gibt aber noch andere Gründe, warum wir hier aktiv sein wollen und müssen. Wenn man sich die Mediennutzungszeit der 14- bis 29-Jährigen im Vergleich von 1999 zu 2006 anschaut, dann freuen wir uns natürlich, dass das Fernsehen stabil ist. Wir wissen natürlich alle, dass Internet sehr wächst. Aber wir sehen auch, dass vor allem das ganze Thema Gaming in der Mediennutzung stark zulegt. Und im Zuge einer noch stärkeren Breitbandpenetration und auch der neuen Konsolengeneration, wird diese Zeit noch zunehmen.

Einen weiteren Grund, warum nicht nur die ProSiebenSat1, sondern auch viele Großverlage und andere Medienhäuser momentan massiv in den Bereich Games drücken, ist, dass wenn man sich den Publishingansatz, den Prozess, wie ich ein Game in den Markt bringe, anschaut, Medienunternehmen einen riesigen Vorteil haben. Sie verfügen über einen Großteil der vier Bereiche des Publishingprozesses (Rechte/Lizenzen, Entwicklung, Vermarktung, Distribution). Wir haben drei von diesen Bereichen bei uns im Haus. Wir haben zum einen sehr starke Marken (ich zeige ich Ihnen gleich noch das Thema "Popstars the Game"). Wir haben Formate, die seit Jahren sehr erfolgreich auf unseren Sendern laufen, zum Beispiel auf Sat1 Deal or No Deal, wovon es etliche Games gibt. Die Entwicklung ist etwas, was wir outsourcen und steuern. Wir konzentrieren Hauptsächlich auf die beiden Säulen Vermarktung und Distribution. Wir versuchen für jedes Game, was wir in den Markt bringen und publishen und distribuieren, den richtigen Marketingmix zu finden. Wie viel TV brauchen wir, brauchen wir Medienpartner im Printbereich und welche Online Plattformen funktionieren?

Über eine Zielgruppe haben wir heute sehr viel gehört, die junge männliche Zielgruppe. Die versuchen wir mit SevenGames, das ist das Spieleportal von ProSieben – zu bedienen und haben hier eine wachsende Userschaft. Wir haben dort ungefähr eine Million Unique User im Monat. Unser zweites Gamesportal, Sat1Spiele.de, richtet sich an eine ganz andere Zielgruppe die auch sehr stark wächst. Das sind Frauen ab 25 oder fast ab 30, die sogenannten Casualgame. Auf Sat1Spiele.de haben wir monatlich 1,2 Mio Unique User.

Ich möchte Ihnen an dem Beispiel „Popstars The Game" zeigen, wie wir versuchen, Games zu publishen. Wir haben hier nicht, wie Sie vielleicht vermuten würden, zuerst mit einer TV Kampagne gestartet, sondern mit einem Video dass wir bei uns im Portfolio gestreut haben. *(Vorführung eines Videoclips.)*

Das nur einmal als kleiner Einstieg, um Ihnen zu zeigen, dass wir hier natürlich versuchen, mit Protagonisten aus unserem Hause (Elton) zu arbeiten. Wir haben natürlich dann im nächsten Schritt die Möglichkeit mit TV Spots zu agieren. Zudem arbeiten wir mit unterschiedlichen TV Integrationen. Es gibt Bauchbinden, fast mit die stärkste Werbeform die wir einsetzen oder auch Nachklapper an Trailern für die TV Show. Ich zeige Ihnen einen Spot, damit Sie einen ungefähren Einblick haben. *(Vorführung eines Videoclips.)*

Popstars the Game ist ein 2D basiertes Multiplayer-Browser-Game, was wir gemeinsam mit der Firma Bigpoint realisiert haben. In dem Spiel muss der Spieler versuchen Popstar zu werden. Er muss viele Konzerte geben, Zuschauer anlocken und kann wenn er gut ist ins Bandhaus einziehen. Er kann auch wieder aus dem Bandhaus herausgevotet werden, wie in der echten Show. Das Spiel gibt uns viele Möglichkeiten, wirklich tolle interessante Sachen zu testen. Der Spieler oder besser die Spielerin (wir haben hier hauptsächlich weibliche User) hat einen Avatare, entweder einen männlichen oder weiblichen, mit dem er/sie durch das Spiel geht. Wir haben sehr spannende Marken bei uns im Portfolio, natürlich Popstars aber auch We Love. Daher haben wir getestet wie Markenkleidung für digitale Charaktere funktioniert. Eine Kollektion war natürlich Popstars gebrandet, eine andere mit We Love. Wir konnten so herausfinden, dass Brands in virtuellen Welten eigentlich ähnlich funktionieren wie in realen.

Jetzt mache ich einen leichten Bogen zu dem Thema Ingame Advertising. Games haben sehr schöne Möglichkeiten, um Marken zu integrieren, Marken, die sich vor allem genau an diese Zielgruppe wenden möchten. Wir haben im Oktober letzten Jahres unseren ersten Kunden im Bereich Ingame Advertising gewonnen – Kinder Maxi King. Ziel war die Glaubwürdigkeit in der jugendlichen Zielgruppe stärken. Wir haben daher eine Kinder Maxi King Tonstudio in Popstars integriert. Ich konnte mir hier unterschiedliche Musiksongs zusammenstellen, konnte die Songs bewerten lassen und Punkte dafür bekommen. Wir haben einen sehr positiven Effekt für die Marke erzielen können.

Mittlerweile haben wir aus Popstars The Game und dem ähnlich aufgebauten Spiel Topmodel The Game eine virtuelle Lifestylewelt gebaut und haben dort mittlerweile 500.000 Spielerinnen gehabt, vor allem jüngeren Alters. Das ermöglicht es uns natürlich im Bereich Ingame Advertising viele Sachen auszuprobieren.

Hier sehen Sie ein weiteres Beispiel, was wir letzten Freitag online gestellt haben. Es ist eine Partnerschaft mit „Das Telefonbuch". Hier bekommt der Avatar die Aufgabe, dass er einen Agenten braucht, sonst kommt er nicht mehr so richtig weiter in seinem Popstarleben. Der Agent heißt hier Detlef Popstar. Da muss ich in dem Spiel das Telefonbuch suchen, um dann Detlef Popstar anrufen zu können. Wenn ich das gemacht habe und ihn gefragt habe, ob er auf mein Konzert kommt (man kann eigentlich fast davon ausgehen, dass er dann auch wirklich erscheint), dann habe ich höhere Chancen entdeckt zu werden, mehr Zuschauer zu bekommen und erfolgreicher in diesem Spiel zu sein.

Zum Thema Ingame Advertising möchte ich einen ganz kurzen Überblick geben, was das überhaupt ist, was es für unterschiedliche Arten gibt. Es gibt drei Hauptbereiche im Bereich Ingame Advertising. Das ist das statische Ingame Advertising. Das ist das, was Sie bei Popstars gesehen haben. Das ist eine Werbeform, die es schon recht lange gibt. Hier rechts sehen Sie ein Beispiel von FIFA Soccer und Adidas aus dem Jahr 1994. Dynamisches Ingame Advertising ist etwas, was Sie aus Websites kennen, also Werbeformen, die ich dynamisch auswechseln kann. Und dann gibt es natürlich noch Werbung in virtuellen Welten. Hier rechts sehen Sie ein Beispiel von Sony in Second Life. Wir sehen momentan, dass das Thema nicht nur für uns, weil wir eine werbegetriebenes Haus sind, sondern eigentlich auch für alle anderen Player in dem Markt eine gewisse Bedeutung hat. Wir glauben, dass es ein exzellenter Zugang zu spannenden Zielgruppen ist, z.B. den jungen Männern. Für Entwickler ist das Thema interessant, da ein Teil der immer grösser werdenen Produktionskosten durch Ingame Advertising gedeckt werden kann. Das schöne an dieser Werbeformen ist zudem, dass die Spieler, die Ingame Advertising gesehen haben, sich kaum oder gar nicht davon gestört fühlen, da Werbung, z.B. in Sportspielen, dazu beiträgt das Spiel realistisch aussehen zu lassen. Das ist übrigens ein Chart von einer Studie der SevenOne Media.

Wir haben im Winter diesen Jahres ein Game gepublished, welches man durchaus als Vorreiter in Sachen Ingame Advertising ansehen kann – die SkiChallenge 2007. In Österreich, das Land in dem die SkiChallenge am populärsten ist, fährt jeder Vierte Einwohner dieses Game. Ich möchte Ihnen kurz zeigen, wie über dieses Spiel in der ProSieben Sendung taff berichtet wurde. *(Vorführung eines Videoclips.)*

Das Spiel ist wirklich sehr faszinierend und wird im Durchschnitt 20 x von jedem, der es sich runtergeladen hat, gespielt. Es gibt eine große europaweite Highscore Liste, da tauchen die ersten Deutschen auf Platz 18 oder 20 auf. Das Spiel wird dominiert von Österreichern. Wir waren dann aber doch mutig und haben ein kleines ProSieben Nationalteam nach Österreich zum Finale geschickt. Das möchte ich Ihnen auch kurz zeigen. *(Vorführung eines Videoclips)*

Das Spiel wurde in drei Monaten von 500.000 Spielern aus Deutschland downgeloadet und 10 Millionen mal gespielt. Hieraus resultierte eine Viewtime der integrierten Werbung von 80.000 Stunden.

Die SkiChallenge geht jetzt gerade aktuell in ein anderes Sportgame über, die Rad Challenge, wo wir auch unterschiedliche Arten von Ingame Advertising integriert haben. Da wir über die Konvergenz von Bewegtbild und Games reden möchte ich Ihnen ein kurzes Beispiel zeigen wie die Spieler von sich aus die Konvergenz vorantreiben. Hier ein Beispiel eines Spielers, der sich bei der Ingame Abfahrt mit seinem Bike gefilmt hat, eine neue Musik daruntergelegt hat und den Film auf myvideo upgeloadet hat. *(Vorführung eines Videoclips)*

Abschliessend möchte ich Ihnen ein Projekt aus unserem Haus vorstellen – Biber Lars Vegas. Der Biber ist ein Character, der das erste Mal vor einem Jahr bei uns im Hause aufgetaucht ist. Uns wurde damals ein Video zugespielt, das möchte ich Ihnen kurz zeigen. *(Vorführung eines Videoclips)*

Als wir das gesehen haben, haben wir gesagt, mit dem kann man extrem viel machen (s.u.a. www.biberlarsvegas.com). Wir haben uns die ganze Zeit gefragt, wer eigentlich hinter dem Biber steckt, bis wir auf der Website von der Lars Biber Goldrush Inc. gelandet sind und dort erfahren haben was der biber eigentlich vorhat (http://goldrush.sat1.de). Da wird über grosse Ziele berichtet. Der Biber möchte den Entertainment Markt neu definieren und aufrollen. Als erstes hat er sich die Germany's next Topmodel-Finalisting Fiona als Biber Poker Agent engagiert. *(Vorführung eines Videoclips)*

Mittlerweile sind vom Biber mehrere unterschiedliche Games auf dem Markt. Wir werden alle möglichen Arten von Games gerade im Casual Games Bereich ausprobieren und mit allen möglichen Geschäftsmodellen experimentieren. Es gibt bereits einen Flipper, ein Pokergame (kostenfrei). Wir haben ein Skill Game, das Biber Five Card heißt. Hier kann man kleine Geldeinsätze setzen, das steigert die Spannung. Es gibt ein Hütchengame (der Biber ist der legitime Nachfolger von Salvatore dem Hütchenspieler). Es gibt ein Mobilegame. Und der Biber hat noch einiges vor. Man munkelt, dass der Biber Gespräche führt mit NeunLive und ab 12.11.2007 seine eigene TV Show haben wird.

Am Ende des Weges vom Biber Lars Vegas steht das Bibers Paradies. Das kann ich Ihnen jedoch noch nicht verraten, was das ist. Aber darauf können sie gespannt sein.

6 Spieleplattformen:
Zukunftspotenzial für Jedermann

Dirk Primbs
Microsoft Deutschland GmbH, Unterschleißheim

Spieleentwicklung ist ein Feld vieler Extreme. Zum einen oft als Spielerei abgetan und mild belächelt gibt es derzeit kaum einen Bereich in der IT Branche mit vergleichbaren Wachstumsraten. Auch offenbart sich dem interessierten Beobachter schnell, dass Spieleprogrammierung mitnichten Spielkram ist, vielmehr versteckt sich hinter den spielerischen Produkten harte IT mit oft verblüffend komplexen modernen und anspruchsvollen Aufgabenstellungen.

Bild 1

So verbinden moderne Spieleproduktionen kinoartige Handlungsverläufe mit ebensolchen grafischen Produktionsaufwand (Bild 1). Sie produzieren Musik zum Teil mit Orchestern und bringen programmiertechnisch Disziplinen wie Physiksimulation mit moderner echtzeitgerenderten Computergrafik in 3D, künstlicher Intelligenz, Hochverfügbarkeit im Netzwerk und Highperformance Computing zusammen.

Bild 2

Außerdem sind Spiele naturgegebene Trendsetter und werden häufig auf Basis gerade in Entwicklung befindlicher Hardware entwickelt oder integrieren neue Bedienkonzepte etc (Bild 2).

Wer sich all dies vor Augen hält, dem ist schnell klar, dass die Anforderungen hier in der Tat spezielle sind. Insbesondere wenn man dann noch Projektparameter wie durchaus auch über 500.000 Zeilen Code, Projektteams von bis zu 3000 Spezialisten und Produktionszeiten unter 2 Jahren daneben hält. Dabei wird oft eine interdisziplinäre Zusammenarbeit gepflegt von dem der Rest der Branche nur träumen kann. Lernt man dort doch gerade erst wie Designer in den Entwicklungsprozess eingebunden werden können während dies bei den Spielestudios Gang und Gäbe ist.

Interessant ist auch ein weiterer Trend zu beobachten: Während sich die Spieleentwicklerbranche immer weiter professionalisiert und sich die Erkenntnis durchsetzt, dass häufig auch für dieses sehr künstlerische Softwaregenre häufig Ingeni-

eurskenntnisse benötigt werden macht sich ein Trend breit, den man auch andern-
orts beobachten kann: Der Nachwuchs wird knapp. Während früher jeder Entwickler, der was auf sich hielt, einmal versuchte ein Spiel zu entwickeln, sind heute
die Anforderungen vermeintlich zu hoch dazu und auch das Interesse des IT Nach-
wuchses scheint eher gering. Hinzu kommt, dass die Branche jahrelang eine
gewisse Geheimhaltung pflegte und ihr Wissen eher widerspenstig mit anderen
teilte. Ein gutes Beispiel für diese Philosophie ist der Spielekonsolenbereich.
Immerhin die weltweit am stärksten wachsende Spieleplattform mit innovativen
Vertretern wie Nintendo Wii, Playstation und Xbox 360 ist gerade hier traditionell
Programmierwissen praktisch nur durch Mitarbeit in einem Entwicklungsteam zu
erwerben das sich mit der Entwicklung eines Konsolentitels beschäftigt. Und die
gibt es in der Tat nicht so häufig da dafür in der Regel spezielle Hardware, sogenannte DevKits, mit teilweise sehr hohen Anschaffungskosten und Verträge mit
den jeweiligen Konsolenherstellern nötig sind.

Außerdem gab es bisher kaum konsolenbasierte Angebote an Hochschulen, was
zum einen sicherlich an der vermeintlich mangelnden Ernsthaftigkeit der Spieleentwicklung lag, zum anderen aber auch daran, dass Konsolen-Devkits eben nur
zur Spieleentwicklung freigegeben wurden und deswegen dem akademischen
Bereich häufig nicht zur Verfügung stand. Dies zu ändern ist bei Microsoft erklärtes
Ziel einer ganzen Reihe verschiedener Initiativen und Technologien.

Denn eine Beobachtung die man zweifelsfrei machen kann ist neben der Tatsache,
dass immer weniger Informatiker bereit stehen aber ein ständig wachsender Bedarf
an IT Spezialisten besteht, diejenige, dass Spieleentwicklung nach wie vor eine
ungebrochene Faszination ausübt. Gleichzeitig ist es ein anspruchsvolles IT
Thema. Man könnte also sagen, Spieleentwicklung ist ein ideales Feld um zum
einen Nachwuchs für die Thematiken der IT zu begeistern und zum anderen Wissen
um Konsolenentwicklung und Spieleentwicklung generell zu verbreiten. Beginnen
kann man da bereits relativ früh, etwa im Alter von 12-14 Jahren wenn Schüler über
die Möglichkeiten verfügen sollten sich Programmiersprachen anzueignen.

Bild 3

Ein Projekt von Studenten der Uni Karlsruhe mag hier als Beispiel für eine der Möglichkeiten dienen (Bild 3). Anlässlich der Games Convention in Leipzig, einer der wichtigsten Messen der Spielebranche, kamen besagte Studenten auf den Gedanken, Faszination für das Thema IT dadurch zu wecken, dass sie exemplarisch in die Programmierung eines Spiels einführen. Während des Projektverlaufs jedoch verfielen sie allerdings auf die Idee, zunächst Programmierung spielerisch zu vermitteln und entwickelten das Spiel AntMe, eine Simulation, die Programmierung zum Spielprinzip erhebt.

Bei AntMe geht es darum, ein Ameisenvolk zum Erfolg zu führen. Erfolg bedeutet in diesem Fall, Punkte zu sammeln indem man möglichst viel auf dem Spielfeld auffindbare Nahrung einsammelt und überlebt, sprich den Freßfeinden – blauen Käfern – gekonnt Paroli zu bieten.

Und gespielt wird – das ist eben das Besondere – mit Hilfe einer Applikation, die das Verhalten jeder einzelnen Ameisen (es gibt deren 100) steuert. Es gilt dabei auf bestimmte Ereignisse zu reagieren und Aktionen durchzuführen. Benutzt werden dieselben Programmiersprachen die auch in „ernsthaften" Anwendungen Verwendung finden würden: C# und VB.NET. Die komplett in Deutsch gehaltenen Ameisenkommandos ermöglichen es außerdem einen schnellen Einstieg zu finden.

Vorteil des gesamten Projektes: Am Anfang kann sich der Spieler darauf konzentrieren, Programmierung und einfache KI Algorithmen zu erlernen und später
dann beliebig skalieren. So liegt das gesamte Spiel als Open Source vor und ermöglicht damit auch den Einstieg in komplexere Themen wie der grafischen Visualisierung oder auch durchaus anspruchsvolle KI Algorithmik damit umzusetzen.

Der Erfolg gibt dem Projekt recht: So wird AntMe bereits vereinzelt von begeis-
terten Lehrern als Ergänzung im Informatikunterricht eingesetzt und eine aktive
Spielergemeinde liefert sich auf der zum Projekt gehörenden Webseite Wettkämpfe
um die effizienteste Ameise.

Der Nebeneffekt liegt auch auf der Hand: Schüler werden spielerisch an Programmierung herangeführt und bekommen die Möglichkeit, viele Konzepte moderner
IT durch eigene Experimente zu erlernen.

AntMe ist ein Vertreter einer bestimmten Art Computerspiele. Nämlich der typischen PC Spiele. Wie sieht es denn in anderen Bereichen aus? Schließlich kann
man den Spielemarkt durchaus in verschiedene Bereiche und Anforderungen zer-
gliedern. Eine häufig vorgenommene Unterteilung zerlegt den Markt in Browser-
spiele, Konsolenspiele, PC-Spiele und Mobile Games, also Handyspiele etc.

Jeder dieser Genres hat ganz eigene Anforderungen. So muss ein Browserspiel in
erster Linie über ein stabiles, sicheres Backend mit sauber konfigurierten Servern
verfügen. Die Anforderungen hier sind durchaus vergleichbar mit denen gängiger
Webportale. Mobile Games müssen möglichst flexibel bezüglich ihrer Hardware-
anforderungen sein und dabei sehr kleine Dateigrößen mit robuster Installation
kombinieren. Und Konsolenspiele schließlich reizen oft die grafischen Möglichkeiten ihrer Plattform aus und müssen mit neuen Controllern etc. zurande kommen.

Im Highendbereich gestaltet es sich häufig besonders schwierig, an Wissen über die
verwendeten Technologien zu gelangen, da hier eine weit verbreitete Geheimhal-
tungskultur auf nur wenig veröffentlichtes Informationsmaterial trifft. Die Veröffentlichung einer Technologie namens XNA hat im Microsoft Umfeld hier Anfang
des Jahres für größere Veränderungen gesorgt. Denn damit wird es möglich, PC
Spiele und Konsolenspiele mit einem gemeinsamen Framework zu programmieren.
Und erstmals ermöglicht ein Konsolenhersteller damit, eine unveränderte Verkaufs-
version einer Konsole mit einem frei verfügbaren Technologiestack zu programmieren.

Erste Abnehmer der neuen Technologien waren dann auch sehr schnell verschiedene Universitäten, die die grafischen Fähigkeiten einer auf die Anforderungen
moderner 3D Spiele spezialisierten Konsole für verschiedene Zwecke sehr
schätzen. Frühe Zusammenarbeiten mit Instituten wie der tu München und der Universität Karlsruhe führten sehr schnell zu fruchtbaren Ergebnissen.

Und die Begeisterung in der Studentenschaft war mit Thema ohnehin schnell geweckt. Kann man doch so trockene Themen wie Multicore Programmierung mit einer Konsole (die im Falle der Xbox 360 immerhin mit 3 Cores arbeitet) KI oder 3D Simulation mit einer Spielekonsole sehr anschaulich und spannend illustrieren.

Und das so erworbene Wissen ist vielfach verwertbar. Sicherlich nicht jeder Student, der in seinem Studium mit derartiger Hardware arbeitet wird später Spiele entwickeln. Denn Kenntnisse wie Netzwerkprotokolle, Multithreading oder dem Design von Datenbanken für Massive Multiplayer Online Games lassen sich auf die Entwicklung von Applikationen im klassischen IT Umfeld sehr gut umlegen. Im Fall von MMOs manchmal sogar auf so anspruchsvolle Felder wie Börsensysteme etc.

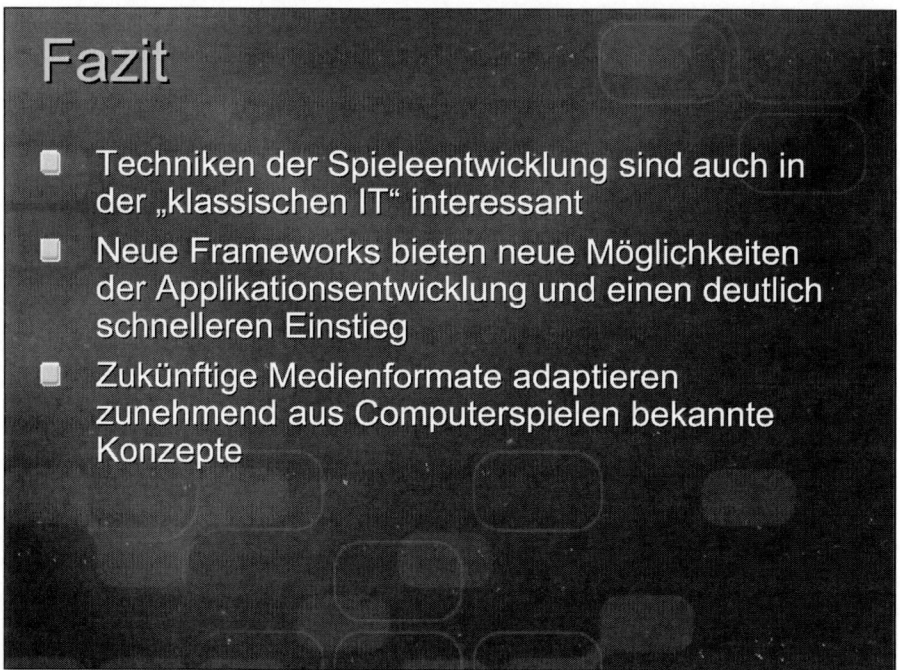

Bild 4

Spieleentwicklung ist also mehr als nur Entertainment mit Software (Bild 4). Es ist oft ein Forschungsfeld, Innovationsmotor und eine Möglichkeit, anspruchsvollen IT Nachwuchs heranzuziehen. Ob man nun Zukunftspotential in der Branche aus wirtschaftlicher Sicht oder den verwendeten Technologien sieht; ob man von ihr lernen möchte wie man komplexe Zusammenhänge bedienbar in Software verfügbar macht oder Themen wie Highperformance Computing und Multicore damit verbindet: Heutzutage berührt Spielesoftware und deren Entwicklung große Bevölkerungsschichten und birgt ein großes Potential, die Zukunft der IT aktiv mit zu gestalten.

Bild 5

Zur Vertiefung seien noch einige ausgiebige Quellen von Informationen angegeben (Bild 5).

7 Elektronische Spiele als Forschungstreiber

Rüdiger Westermann
Technische Universität München, Garching

Ich möchte in meinem Vortrag auf einen ganz speziellen Aspekt des Wachstums-marktes Elektronische Spiele eingehen und mich der Frage widmen, wie sich die Entwicklungen im Bereich der Spieleentwicklung auch in der akademischen Grundlagenforschung widerspiegeln. Vor allem werde ich demonstrieren, dass diese Entwicklungen von großer praktischer Relevanz in einer Vielzahl von Wis-senschaftsbereichen sind, etwa der Medizin, den Ingenieur- oder den Geowissen-schaften. Abschließend werde ich dann der Frage nachgehen, wie die akademische Grundlagenforschung wiederum den Spielemarkt befruchten kann, in dem sie Lösungen für ganz spezifische Probleme in diesem Bereich liefert.

Forschungstreiber Elektronische Spiele

Fokus: Immersive 3D Computerspiele

- Eintauchen ins Spielgeschehen
- **Realistische** Darstellung der virtuellen Spielewelt
- Plausible, d.h. **physikalisch-basierte** Simulation der virtuellen Objekte und Charaktere
- **Echtzeit**anforderung
- Komplexe, komponentenbasierte **Softwaresysteme**

Ein Forschungsgebiet für sich!

Wachstumsmarkt Elektronische Spiele – 10.7.2007
Prof. Dr. Rüdiger Westermann – Technische Universität München

tum:3D
computer graphics & visualization

Bild 1

Der Fokus in meinem Vortrag liegt auf den so genannten immersiven 3D-Compu-terspielen (Bild 1). Diese zeichnen sich dadurch aus, dass der Spieler völlig in ein Spielegeschehen eintaucht, in dem alles wie in der Realität passiert, und somit das Selbst und die Spieleumgebung völlig vergessen wird. Zur Erreichung dieses Prin-zips kommen in heutigen Computerspielen gänzlich unterschiedliche Konzepte und

Methoden zum Einsatz, angefangen bei der realistischen grafischen Darstellung der
virtuellen Spielewelten, der plausiblen, also vom Spieler als realistisch akzeptierten
und zunehmend Physik-basierten Simulation der in diesen virtuellen Welten agie-
renden Objekte und Charaktere bis hin zur Darstellung der Objekte und Effekte in
Echtzeit. Darüber hinausgehend sind solche Computerspiele äußerst komplexe
Softwaresysteme, die aus Millionen von Codezeilen und einer Vielzahl miteinander
kommunizierender Software-Komponenten bestehen. Wenn man sich also die zur
Umsetzung von immersiven 3D Computerspielen benötigten Techniken anschaut,
dann könnte ich an dieser Stelle meinen Vortrag mit dem Verweis auf die Vielzahl
von offensichtlich forschungsrelevanten Problemen auf dem Gebiet der realistischen Physik-basierten Echtzeitsoftwaresysteme beenden.

Bild 2

Ein solch frühes Ende ließe mir natürlich keine Gelegenheit, die Forschungsergebnisse meiner Mitarbeiter(innen) am Lehrstuhl für Computer Grafik und Visualisierung zu demonstrieren (Bild 2), und ich möchte stattdessen die Gelegenheit hierzu
im weiteren Verlauf des Vortrags nutzen. Vor allem möchte ich demonstrieren, wie
die Grundlagenforschung im Bereich der Computer Grafik von der Spieleentwicklung befruchtet wird, und wie die Forschungsergebnisse, die wir zutage fördern,
direkt in praktischen Anwendungen zum Einsatz kommen und umgekehrt wiederum Einfluss auf die Spielentwicklung selbst haben.

Forschungstreiber Elektronische Spiele

Nicht im Vortrag – aber ebenso wichtig

- Spiele-Design zur illustrativen Gestaltung von virtuellen Spielewelten
- Intuitive Interaktionsmechanismen – Nintendo Wii
- Spiele als mediale Form zur erzählerischen Vermittlung von Inhalten – interactive storytelling
- Plausible Simulation von Verhaltensmustern und menschlicher Interaktion – Spiele-KI
- Die Übertragung von Spielekonzepten in Serious Games – Game-based Design

Wachstumsmarkt Elektronische Spiele – 10.7.2007
Prof. Dr. Rüdiger Westermann – Technische Universität München

Bild 3

Es sollte allerdings an dieser Stelle nicht unerwähnt bleiben, dass natürlich eine ganze Reihe anderer Aspekte bei der Realisierung eines erfolgreichen immersiven 3D Computerspiels berücksichtigt werden müssen, die ich jedoch in meinem Vortrag nicht adressieren werde (Bild 3). Hierzu zählt das Spieledesign zur künstlerischen Gestaltung von virtuellen Spielewelten ebenso wie die Mechanismen zur intuitiven Interaktion in diesen Welten. Spiele sind dann natürlich auch als eine mediale Form zur erzählerischen Vermittlung von Inhalten zu sehen, und im Bereich des Interactive Storytelling wird erforscht, wie der Spieler als Protagonist in einer sehr dramaturgiereichen virtuellen Umgebung einbezogen werden kann, ihn die Geschichte auch selber bestimmen und in unterschiedliche Bahnen lenken zu lassen. Das sind ganz konkrete Fragestellungen in einem relativ neuen Forschungsbereich, der sich mittlerweile auch völlig losgelöst von der Spieleentwicklung großer Popularität erfreut. Ein weiterer wichtiger Bereich ist die plausible Simulation von Verhaltensmustern und menschlicher Interaktion, also all das, was unter dem Aspekt Spiele-KI, KI = Künstliche Intelligenz, zu sehen ist. Hierbei geht es vor allem darum, den Computer „intelligent" werden zu lassen, in dem Sinne, dass er Antworten gibt auf die Eingaben des Spielers, dass er Gegenspieler geschickt agieren lässt, und dass er vor allem eine Interaktion zwischen den virtuellen, vom Computer gesteuerten Charakteren ermöglicht. Dieser Aspekt nimmt in heutigen Spielen eine zentrale Rolle ein, und vor allem in der Informatik wird der Bereich der Spiele-KI heute intensiv beforscht. Und schließlich geht man heute in vielen Bereichen verstärkt der Fragestellung nach, Spielekonzepte auch in Anwendungen, die nicht der Unterhaltung dienen, einzusetzen. Solche Anwendungen, die unter dem Begriff Serious Games bekannt sind, bedienen sich gängiger Spiele-design-Konzepte und versuchen, diese zum Zwecke der Vermittlung von Lern-inhalten, des Trainings und der Simulation zu nutzen.

Computerspiele und Grafikhardware

Schneller, billiger, mehr Funktionalität

- Computerspiele treiben die Forschung und
  Entwicklung im Bereich der Grafikhardware
  - Schnelle, kostengünstige Hardwarearchitekturen
  - Medienkonvergenz
- Computerspiele treiben die Forschung und
  Entwicklung im Bereich der Programmierschnittstellen
  - Erweiterte Funktionalität durch Grafik-APIs
  - Abstraktion von technischen Details (MS XNA)

Wachstumsmarkt Elektronische Spiele – 10.7.2007
Prof. Dr. Rüdiger Westermann – Technische Universität München

Bild 4

Wenn ich in meinem Vortrag über den Forschungstreiber Elektronische Spiele spreche, dann muss ich zwangsläufig über die Entwicklungen im Bereich der Gra-fikhardware sprechen, dieses Stück Hardware also, das Sie heute in jedem Aldi-PC quasi „umsonst" dazu bekommen (Bild 4). Es waren vor allem diese Ent-wicklungen, die dazu geführt haben, dass wir im Bereich der Computer Grafik und Visualisierung zunehmend Konzepte und Methoden aus der Spiele-Community übernommen und in Bezug auf anwendungsspezifische Anforderungen weiterent-wickelt haben.

Was kann man über die Entwicklung der Grafikhardware sagen? Schneller, billiger und mehr Funktionalität ist das, was wir über die letzten Jahre hinweg beobachten konnten. Während man vor zehn Jahren zur Ausstattung eines Grafiklabors an der Universität noch ca. 200.000 bis 500.000 DM für 2-3 leistungsfähige Grafik-Work-stations investieren musste, bekommt man heute für das gleiche Geld ca. 20-30 sehr gut ausgestatteten PCs, die ein Vielfaches mehr an Grafikleistung bereitstellen als diese Grafik-Workstations zusammen.

Vor allem das kommerzielle Interesse an Computerspielen hat die Entwicklung im Bereich der Grafikhardware wesentlich getrieben. Das Resultat dieser Entwicklung sind sehr schnelle und vor allem sehr kostengünstige Hardwarearchitekturen, die

heute in einer Vielzahl von gänzlich unterschiedlichen und vor allem auch nicht
grafischen Anwendungen genutzt werden. Einige dieser Anwendungsgebiete
werde ich im weiteren Verlauf meines Vortrags eingehend diskutieren. Darüber
hinausgehend hat diese Entwicklung der sogenannten Medienkonvergenz Vorschub
geleistet, in dem auf heutigen PC-Architekturen unterschiedliche Medien zusam-
menfließen und zum Beispiel im Heimbereich verwendet werden können.

Ganz entscheidend in diesem Bereich ist aber nicht nur, dass die Leistungsfähigkeit
der Grafikhardware sehr schnell gestiegen ist, sondern dass gleichzeitig spezielle
Programmierschnittstellen entwickelt wurden, die es dem Entwickler erst ermöglichen, auf sehr einfache Art und Weise die verfügbare Funktionalität zu nutzen. In
diesem Kontext möchte ich hier auf die sehr hardwarenahen Grafik-APIs (Applica-
tion Programming Interface) OpenGL und Direct3D sowie auf ganz neue Entwicklungen wie etwa das von Microsoft entwickelte XNA verweisen. Diese Schnitt-
stellen ermöglichen es dem Entwickler, von technischen Details zu abstrahieren
und auf einer sehr hohen Abstraktionsebene spezielle Algorithmen auf Grafikhardware zu implementieren. Erst diese nebenläufige Entwicklung hat dazu geführt,
dass die auch häufig als Spielehardware bezeichnete Grafikhardware in anderen
Gebieten zur Anwendung gekommen ist.

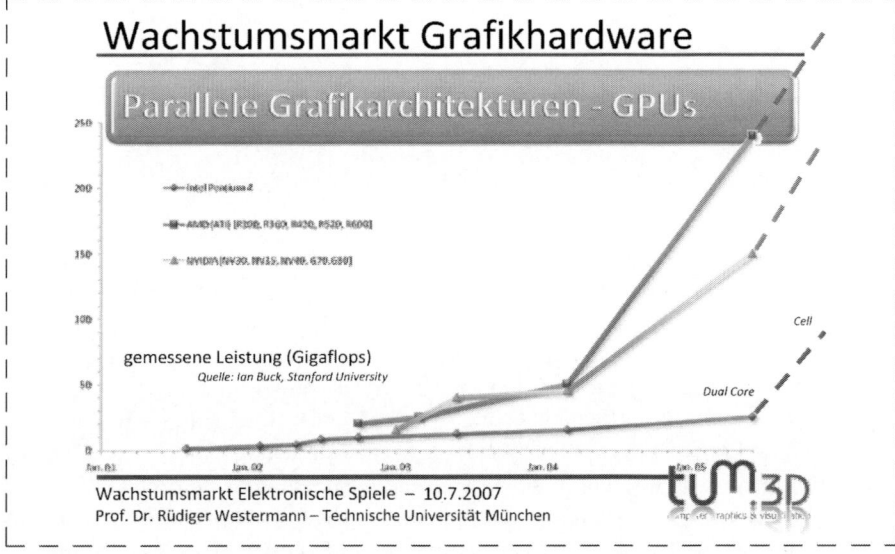

Bild 5

Die hier zu sehende Grafik (Bild 5) zeigt deutlich, dass sich in Bezug auf die
Rechenleistung die Klasse der Grafikprozessoren in den letzten Jahren sehr viel
schneller entwickelt hat als die der PC-Prozessoren im Allgemeinen. Entgegen dem

für CPUs angenommenen Mooreschen Gesetz hat sich die Zahl der auf Grafik-
Chips integrierten Transistoren alle 6 Monate verdoppelt. Vor allem verdeutlicht
die Grafik auch, dass trotz der aktuellen Leistungssteigerungen im Bereich der
CPUs, etwa durch Multi-Core-Architekturen, deren Rechenleistung noch immer
signifikant geringer ist als die der heute verfügbaren Grafikprozessoren.

Bild 6

Ich möchte nun noch kurz darauf eingehen, was neben der reinen Rechenleistung
eigentlich das wesentliche Merkmal der Grafikhardware ist, das sie zum Einsatz in
Computerspielen prädestiniert (Bild 6). Der Satz „All you need is textures" bringt
eigentlich auf den Punkt, welche Technik in heutigen Computerspielen ganz
wesentlich ist. Texturen sind – salopp formuliert – Behälter, in denen man Objekt-
eigenschaften, etwa Oberflächenbeschaffenheiten oder Beleuchtungsinformation,
speichert. Zur Laufzeit – also während des Spiels – können dann komplexe Berech-
nung vermieden werden, indem stattdessen die gespeicherten Werte aus den Texturen gelesen und zur realistischen Darstellung der Objekte verwendet werden. Auf
den beiden dargestellten Bildern sehen Sie links die geometrische Repräsentation
einer typischen Szene in einem Computerspiel und rechts die Darstellung dieser
Szene durch das Aufbringen von solchen Texturen auf die Geometrie.

Dieses Beispiel demonstriert sehr anschaulich das, was ich als die wesentlichste
Errungenschaft im Bereich der Grafikhardware ansehe – die Methodik, durch die
Verwendung von Texturen bei sehr geringer Geometriekomplexität äußerst realisti-

sche Darstellungen zu generieren. Und hier kommt nun eine weitere Eigenschaft der Grafikhardware mit ins Spiel – neben der puren Rechenleistung verfügen Grafikarchitekturen über ein sehr effizientes Speicher-Interface, d.h. es können extrem viele Texturzugriffe in sehr kurzer Zeit durchgeführt werden.

Grafikhardware im Spieleeinsatz

Speicherinterface: ≈ 40 Milliarden Ops/s

- Quantensprung im Bereich der Spiele-Grafik
  - Textur-basiertes Rendering
    ⟹ Echtzeit
    ⟹ Plausibilität

Wachstumsmarkt Elektronische Spiele – 10.7.2007
Prof. Dr. Rüdiger Westermann – Technische Universität München

tum3D

Bild 7

Auf heute verfügbaren Grafikkarten können wir ca. 40 Milliarden solcher Speicherzugriffsoperationen pro Sekunde durchführen (Bild 7). Die Verfügbarkeit dieser Funktionalität hat schließlich zu einem Quantensprung im Bereich der Spielegrafik geführt – weggehend vom geometriebasierten hin zum sogenannten texturbasierten Rendering. Hierunter versteht man im Wesentlichen die Simulation optischer Effekte wie zum Beispiel Reflexion, Brechung oder Färbung in Echtzeit und fast ausschließlich unter Verwendung vorberechneter Texturen.

Lassen Sie mich an dieser Stelle noch kurz erwähnen, dass die Animation, die Sie auf der Folie sehen, das Ergebnis eines viermonatigen Programmierpraktikums ist, an dem Studierende der Informatik an der Technischen Hochschule München in jedem Wintersemester teilnehmen können. Im Rahmen dieses Praktikums werden die Studierenden spielerisch an die Algorithmen der Computergrafik herangeführt, in dem sie unterschiedliche optische Effekte im Rahmen einer konkreten Anwendung implementieren.

Abschließend kann man sagen, dass die Entwicklungen im Bereich der Grafikhardware ganz wesentlich zur Beschleunigung und Verbesserung texturbasierter Darstellungsverfahren geführt haben, und wir dadurch heute in der Lage sind, auf PC-Architekturen fotorealistische Computergrafik in Echtzeit durchzuführen.

Im weiteren Verlauf meines Vortrags möchte ich nun ganz konkret darauf eingehen, wie diese Entwicklungen zum einen in der akademischen Grundlagenforschung Fuß gefasst und dort dann zum anderen die Forschung und Entwicklung ganz entscheidend beeinflusst haben. Am Ende des Vortrags möchte ich dann noch kurz diskutieren, welche Synergien aus diesen Aktivitäten für den Bereich der Spieleentwicklung zu erwarten sind.

Forschungstreiber Computerspiele

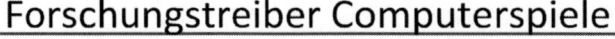

Das Verlangen nach Immersion

- Photorealismus und Physik
  - Globale Beleuchtungssimulation in Echtzeit

  - Numerische Simulation auf Grafikkarten

Wachstumsmarkt Elektronische Spiele – 10.7.2007
Prof. Dr. Rüdiger Westermann – Technische Universität München

Bild 8

Wie treibt nun das immersive 3D Computerspiel die Forschung? Das stetig wachsende Verlagen in diesem Bereich nach Immersion, und damit das Verlangen nach immer realistischeren virtuellen Welten, hat dazu geführt, dass im Bereich der Computergrafik zunehmend Verfahren zur Physik-basierten Echtzeitsimulation erforscht und entwickelt werden (Bild 8). Hierzu möchte ich zwei Beispiele zeigen, die eindrucksvoll demonstrieren, in welche Richtungen die Forschungsaktivitäten in diesem Bereich durch die Anforderungen in Computerspielen getrieben werden. Zum einen sehen wir hier die Simulation und Echtzeitdarstellung sogenannter globaler Beleuchtungseffekte, also solche optischen Effekte, die auf der Wechselwirkung von Licht und Materie beruhen, etwa Mehrfachreflexionen, Voll- und Halbschatten oder die Simulation unterschiedlicher Reflexionsgesetze. Zum anderen sehen wir ein Beispiel, das demonstriert, wozu Grafikhardware auf Grund der verfügbaren Rechenleistung heute mehr und mehr „missbraucht" wird – nämlich zur numerischen Simulationsrechnung. Bereits sehr früh wurde erkannt, dass

Grafikkarten eigentlich massiv parallele Rechnerarchitekturen sind, die somit auch
als reine „Rechenknechte" genutzt werden können. In der Animation sehen wir
eine der Entwicklungen, die in diesem Bereich an meinem Lehrstuhl durchgeführt
wurden. Es handelt sich hierbei um eine Strömungssimulation auf Grafikhardware,
die nicht etwa „gefaked" ist sondern tatsächlich auf den Grundgleichungen der
Strömungsmechanik basiert und diese in Echtzeit löst. Von Vorteil ist hierbei vor
allem, dass die Simulationsergebnisse bereits auf der Grafikhardware vorliegen und
somit direkt visualisiert werden können.

Hinzufügen sollte ich, dass alle Animationen, die ich in meinem Vortrag zeige,
wirklich in Echtzeit, also zwischen 60 und 150 Simulationsschritten bzw. Bildern
pro Sekunde, auf einer einzigen Grafikkarte berechnet werden.

Forschungstreiber Computerspiele

Grafikhardware in der Medizin

- Wesentliche Innovationen in der medizinischen
  Ausbildung und Diagnostik sind getrieben durch
  Spielealgorithmen und Grafikhardware
  - Datenvisualisierung
  - Segmentierung
  - Rekonstruktion
  - Weichteilsimulation

Wachstumsmarkt Elektronische Spiele – 10.7.2007
Prof. Dr. Rüdiger Westermann – Technische Universität München

Bild 9

Ich möchte nun diskutieren, wie die bisher vorgestellten Entwicklungen, die offensichtlich sehr stark von den Anforderungen der Spieleindustrie getrieben wurden,
in zahlreichen Wissenschaftsbereichen Anwendung finden. Mein erstes Beispiel
führt uns in den Bereich der Medizin, und hier vor allem in den Bereich der medizinischen Bildgebung (Bild 9). Gerade hier, wo immer besser aufgelöste Daten aus
bildgebenden Messverfahren wie etwa CT oder MR verfügbar sind, werden
wesentliche Innovationen in der Ausbildung und Diagnostik von den Entwicklungen im Spielebereich getrieben.

In der Animation sehen wir die wohl populärste Anwendung von texturbasierten
Darstellungsverfahren im Bereich der Medizin – die interaktive Volumenvisualisie-

rung. Prinzipiell kommen hier sehr ähnlich Techniken zur Anwendung, wie wir sie heute in mehr oder weniger jedem 3D Computerspiel wiederfinden. Auch hier greifen wir auf Texturen zu, die jedoch im Unterschied zur Anwendung in Spielen nun die vom bildgebenden Verfahren aufgenommenen Daten enthalten. Auf Grund der bereits geschilderten Leistungsfähigkeit heutiger Grafikkarten sind wir heute in der Lage, auf diese Art und Weise sehr komplexe und extrem hoch aufgelöste 3D Strukturen interaktiv zu explorieren.

Neben der bildlichen Darstellung von volumetrischen Daten liegen weitere Einsatz-gebiete der Grafikhardware im Bereich der Datensegmentierung, also dem automa-tischen Detektieren von zusammenhängenden Strukturen, und der Rekonstruktion von Bilddaten aus den Signalen, die von den bildgebenden Messverfahren geliefert werden. Hierbei werden sehr rechenintensive numerische Algorithmen auf der Gra-fikhardware realisiert, die dort um ein Vielfaches schneller berechnet werden können als auf aktuellen CPUs.

Ein anderer Bereich, der hochgradig von der Leistungsfähigkeit heutiger Grafik-hardware profitiert, ist die Weichteilsimulation, die vor allem in der plastischen und wiederherstellenden Chirurgie aber auch im Bereich der virtuellen medizinischen Trainingssimulatoren immer größere Bedeutung erlangt. Auf der aktuellen Folie sehen Sie hierzu ein Beispiel, das nicht wirklich aus der medizinischen Anwendung stammt, das allerdings sehr schön demonstriert, zu welchen Höchstleistungen wir heute in diesem Bereich durch das effiziente Zusammenspiel von Physik-basierter Simulation und fotorealistischer Darstellung auf Grafikhardware in der Lage sind.

Forschungstreiber Computerspiele

Spieleeffekte im Ingenieurwesen

- Engineering im virtuellen Windtunnel ...
  - ... basierend auf
    Particle-Engines

- Algorithmische
  Erweiterungen zur
  Exploration von
  zeitabhängigen
  3D Strömungen   © NVIDIA Corporation

Wachstumsmarkt Elektronische Spiele – 10.7.2007
Prof. Dr. Rüdiger Westermann – Technische Universität München

Bild 10

Auf der nächsten Folie möchte ich nun demonstrieren, wie Spielekonzepte auch im Ingenieurwesen zur Anwendung kommen (Bild 10). Lassen Sie uns hierzu in den Bereich der Strömungsdynamik gehen, wo ein zentrales Anliegen die Analyse und das Verständnis komplexer Strömungsvorgänge ist. Das vielleicht bekannteste Beispiele hierzu findet man im Bereich der Automobilentwicklung, wo in sogenannten Windtunnel-Experimenten die Umströmung des Automobils bei schneller Fahrt experimentell simuliert wird. Der Fahrtwind wird dabei durch große Propeller erzeugt, und der Ingenieur versucht durch das Einlassen von Kontrollpartikeln und anhand der von diesen Partikeln durchlaufenen Bewegungspfade wesentliche Strukturen der Strömung zu erkennen. Wie man sich leicht vorstellen kann handelt es sich hierbei um sehr teure Apparaturen, was unter anderem dazu führt, dass der Explorationsprozess nicht beliebig oft wiederholbar ist.

Wie kann nun dieser Bereich von der Spieleentwicklung profitieren? Hierzu müssen wir uns eigentlich nur anschauen, welche speziellen Effekte seit je her in Spielen zur Anwendung gekommen sind und wie diese Effekte eigentlich realisiert wurden.

Auf den Internetseiten von NVIDIA (c) NVIDIA Corporation, einem der führenden Hersteller von Grafikhardware, findet man ein sehr anschauliches Beispiel zur Demonstration einer ganz speziellen Klasse von Effekten, sogenannte Partikeleffekte. Hierbei werden Tausende von kleinen Elementen, sogenannte Partikel, entlang spezieller Pfade durch die Welt bewegt, um in ihrer Gesamtheit einen Effekt, in diesem Beispiel fließendes Wasser, zu simulieren.

Wir haben bereits sehr früh erkannt, dass sich diese Techniken auch im wissenschaftlichen Bereich nutzen lassen, und wir haben durch entsprechende algorithmische Erweiterungen die Anwendung von Partikelsystemen zur interaktiven Exploration von 3D Strömungen in virtuellen Windtunneln ermöglicht. Im Beispiel sehen wir die Simulation einer Zylinderumströmung, die nun zwar virtuell, aber letztendlich durch dieselben Techniken, die auch in einem realen Windtunnel zum Einsatz kommen, exploriert wird. Wir können Partikel an beliebigen Stellen in die Strömung einstreuen und dabei die Bahnen dieser Partikel in der gegebenen Strömung numerisch berechnen. Somit wird dem Ingenieur ein sehr detailliertes Bild der Strömungsstrukturen vermittelt, und es können komplexe Strömungsvorgänge sehr viel schneller und vor allem kostengünstiger analysiert werden.

Forschungstreiber Computerspiele

Echtzeitgrafik in Geoinformationssystemen

- Terabyte Daten zur Simulation und Einsatzplanung
- Geometrische Datenstrukturen
- Geometrie-
  und Textur-
  kompression

30x30 cm Auflösung, **500 Gbyte, 150fps**, © LVA Bayern

tum3D

Wachstumsmarkt Elektronische Spiele – 10.7.2007
Prof. Dr. Rüdiger Westermann – Technische Universität München

Bild 11

Ich möchte nun noch ein drittes, abschließendes Anwendungsbeispiel diskutieren, das ganz wesentlich von den Entwicklungen im Spielemarkt getrieben wird und vom Potenzial heutiger Grafikkarten profitiert – es sind dies die 3D-Geoinformationssysteme (Bild 11). Solche Systeme sind den meisten von ihnen heute sicherlich nicht mehr ganz unbekannt, denn wer von ihnen hat nicht schon einmal mit Google-Earth virtuelle Landschaften überflogen. Allerdings gehe ich davon aus, dass sich die meisten von ihnen hierbei nie die Frage gestellt haben, welche Techniken in einem solchen System eigentlich zur Anwendung kommen, und ob diese Techniken in irgendeinem Bezug zu Computerspielen stehen.

Zur Beantwortung dieser Fragen ist zu sagen, dass man sich in der Spieleentwicklung bereits seit langem damit beschäftigt, digitale Landschaftsmodelle effizient darzustellen. Der Grund hierfür ist, dass solche Modelle in Gestalt künstlich generierter Landschaften in zahlreichen Computerspielen verwendet werden. Dieser Bedarf hat vor allem die Grundlagenforschung im Bereich der geometrischen Datenstrukturen getrieben und letztendlich dazu geführt, dass völlig neue Ansätze zur computergestützten Darstellung hoch aufgelöster digitaler Landschaftsmodelle entwickelt wurden. Diese kommen heute wiederum in den meisten 3D Geoinformationssystemen zur Anwendung.

Ein weiterer Bezug zwischen 3D Geoinformationssystemen und Computerspielen lässt sich anhand der texturbasierten Darstellungsverfahren aufzeigen. Mit der zunehmenden Verwendung solcher Techniken in Computerspielen wurde schnell

klar, dass der zwar sehr schnelle aber in seiner Größe limitierte Speicher der Grafikkarten den zukünftigen Anforderungen nicht entsprechen kann. Dementsprechend wurden effiziente, speziell auf die konkreten Bedürfnisse zugeschnittene
Kompressionsverfahren für Texturen entwickelt. Wiederum sind es eben diese For-
schungsresultate, die es uns heute ermöglichen, die gewaltige Menge an digitalen
Landschaftsdaten und aus Satelliten aufgenommenen Bilddaten in 3D Geoinformationssystemen visuell zu explorieren.

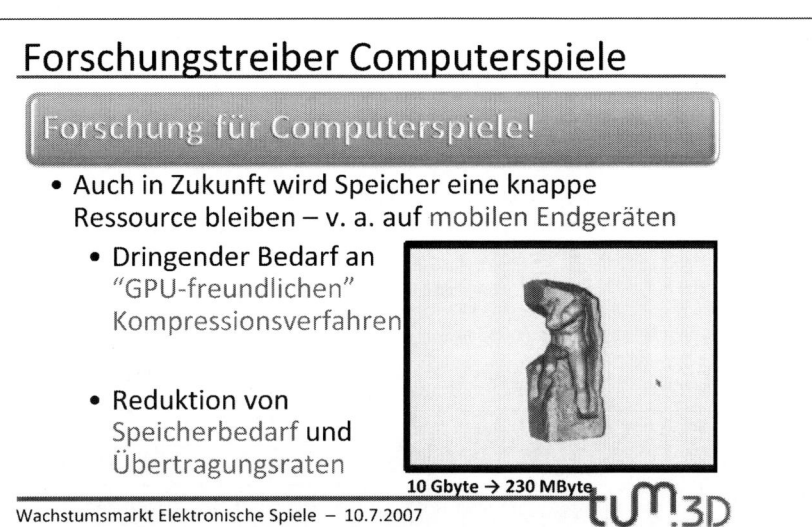

Bild 12

Nachdem ich im bisherigen Verlauf meines Vortrags diskutiert habe, wie die For-
schung und Entwicklung im Bereich der 3D Computerspiele ganz wesentlichen
Einfluss auf die Forschung und Entwicklung in zahlreichen Wissenschaftsberei-
chen hat, möchte ich im Folgenden der Frage nachgehen, wie die universitäre
Grundlagenforschung im Bereich der Informatik wiederum die Entwicklungen im
Bereich der Computerspiele befruchten kann (Bild 12).

Zum einen sehen wir, dass schneller Speicher auch in Zukunft eine sehr knappe
weil teure Ressource bleiben wird. Auf der anderen Seite wird der Bedarf an Speicher auf Grund der stetig wachsenden Datenmengen, die es zu visualisieren gilt,
und der zunehmenden Verwendung texturbasierter Darstellungsverfahren sehr
schnell ansteigen. Nebenbei sei erwähnt, dass sich dieses Problem meiner Meinung
nach auf mobilen Endgeräten noch verstärken wird, da man auch hier zunehmend
grafische Anwendungen ausführen möchte. Ein zentraler Forschungsaspekt ist
dementsprechend die GPU-freundliche Datenkompression, d.h. die Entwicklung

von Kompressionsverfahren, die einen wahlfreien Zugriff auf die Originaldaten
ermöglichen.

Ein konkretes Beispiel soll demonstrieren, in welche Richtung die Forschung in
diesem Bereich geht. Einige unter ihnen werden schon vom Digital Michelangelo
Project gehört haben, einem Forschungsprojekt der Stanford University, in dessen
Rahmen einige der Statuen Michelangelos mit optischen Messverfahren aufgenommen und in digitale 3D Geometriemodelle überführt wurden. Ergebnis dieses
Projekts sind Modelle mit einem Speichervolumen von bis zu 10 Gigabyte. Einige
dieser Modelle sind in der Animation im Hintergrund zu sehen. Bis vor ca. einem
Jahr war es schlichtweg unmöglich, diese Modelle auf Standard-PCs zu visualisieren, da ganz einfach das auf Grafikkarten verfügbare Speichervolumen nicht
ausreichend ist. Durch die aktuelle Forschung im Bereich der Datenkompression
sind wir heute in der Lage, selbst die größten dieser Datensätze auf handelsüblicher
Grafikhardware interaktiv darzustellen. Die Rückführung dieser Forschungsergebnisse in den Spielebereich wird dazu führen, dass immer komplexere und damit
realistischere Modelle in Computerspielen zu sehen sein werden.

Forschungstreiber Computerspiele

Forschung für Computerspiele!

- Zukünftig wird die physikalische Simulation von
  deformierbaren Körpern, Flüßigkeiten und Gasen
  immer größere Bedeutung erlangen

  - Dringender
    Bedarf an
    Echtzeit-
    Simulationen

© NVIDIA Corporation

Wachstumsmarkt Elektronische Spiele — 10.7.2007
Prof. Dr. Rüdiger Westermann – Technische Universität München

Bild 13

In zukünftigen Computerspielen wird meines Erachtens immer größerer Bedeutung
der Simulation physikalischer Phänomene zukommen, da solche Phänomene die
Immersion des Anwenders erheblich zu steigern vermögen (Bild 13). Ziel ist es,
nicht nur die Bewegung starrer Körper realistisch zu simulieren, sondern auch die
Dynamik von deformierbaren Körpern, Flüssigkeiten und Gasen. Auch hierzu

findet man auf den Internetseiten von NVIDIA (c) NVIDIA Corporation ein sehr
anschauliches Beispiel, das eindrucksvoll demonstriert, was in den nächsten Jahren
verstärkt in 3D Computerspielen zu sehen sein wird – interaktive numerische Strömungssimulation.

Nun ist die Strömungssimulation ein ganz eigener Wissenschaftsbereich, der seit
Jahrzehnten in Bezug auf ganz unterschiedliche Aspekte intensiv beforscht wird.
Da hierbei das Augenmerk auch auf die Beschleunigung der Simulationsrechnung
gerichtet war und noch immer ist, liegt es nahe, die Forschungsergebnisse in
diesem Bereich hinsichtlich ihrer Relevanz für 3D Computerspiele zu analysieren.
Meines Erachtens kann vor allem in diesem Bereich die akademische Grundlagenforschung wesentlich dazu beitragen, bereits existierende Konzepte in die prakti-
sche Anwendung zu überführen und vor allem völlig neue Ansätze unter Berück-
sichtigung der konkreten Anforderungen zu entwickeln.

Forschungstreiber Computerspiele

Erkenntnis

- Zahlreiche Wissenschaftsbereiche profitieren heute
  direkt oder indirekt von den rasanten Entwicklungen
  am Spielemarkt
  - Forschungs- und Entwicklungsprozesse werden
    beschleunigt, Kosten werden reduziert
- Spielekonzepte kommen zunehmend auch in
  anderen Bereichen zum Einsatz
  - Ausbildung, Lehre, Cultural Heritage, Gesund-
    heitswesen, Prozesssimulation

Wachstumsmarkt Elektronische Spiele – 10.7.2007
Prof. Dr. Rüdiger Westermann – Technische Universität München

Bild 14

Zusammenfassend möchte ich sagen, dass bereits heute zahlreiche Wissenschaftsbereiche direkt, in dem sie Spielealgorithmen verwenden, oder indirekt, in dem sie
Grafikhardware zur Beschleunigung von Berechnungen einsetzen, von den Entwicklungen im Spielebereich getrieben werden (Bild 14). Hierdurch werden For-
schungs- und Entwicklungsprozesse beschleunigt und verbessert, und dadurch
letztendlich Kosten reduziert. Wir sehen auch, dass Spielekonzepte zunehmend in
anderen Bereichen zum Einsatz kommen, angefangen bei Trainings- und Planungs-
systemen bis hin zu komplexen Prozesssimulationen.

Forschungstreiber Computerspiele

Fazit

- Die Investition in den Bereich Computerspiele lohnt sich auch heute noch
  - wenn nicht kurzfristig so doch mittel- und langfristig
  - und unter evtl. gänzlich anderem Fokus

Vielen Dank für ihre Aufmerksamkeit

Wachstumsmarkt Elektronische Spiele – 10.7.2007
Prof. Dr. Rüdiger Westermann – Technische Universität München

Bild 15

Als Fazit meines Vortrags möchte ich zu dem Schluss kommen, dass sich die Investition in den Bereich Computerspiele auch heute noch lohnt (Bild 15). Zwar schätze ich es angesichts der offensichtlichen Dominanz der Global Player in diesem Bereich als sehr schwierig ein, diese Investitionen kurzfristig in einen kommerziellen Erfolg zu verwandeln, allerdings sehe ich auf der anderen Seite vor allem in der Übertragung von Spielekonzepten und Spieletechniken in andere Anwendungsbereiche ein großes Potenzial. Die Anforderungen, die heutzutage an immersive 3D Computerspiele gestellt werden, treiben die Entwickler gerade in diesem Bereich zu Höchstleistungen und stoßen dadurch neue, bisher völlig unbekannte Dimensionen in gänzlich unterschiedlichen Bereichen auf. Teilzuhaben an den Ergebnissen dieser Entwicklungen und dadurch in der Lage zu sein, neueste Technologien zeitnah in mehr oder weniger beliebige Anwendungen zu integrieren, sehe ich hierbei als einen ganz entscheidenden Aspekt an.

8 Aufbau einer akademischen Ausbildung für Spieletechnologie und -wissenschaft

Klaus P. Jantke, FIT Leipzig
Gunther Kreuzberger, TU Ilmenau

Digitale Spiele sind sowohl wegen ihres ganz enormen wirtschaftlichen Potentials – der Jahresumsatz der Filmbranche wurde schon vor Jahren abgehängt, im ersten Halbjahr 2007 haben Spiele auf Datenträgern nun auch die Musikbranche überholt – als auch wegen der ihnen nachgesagten Wirkung auf das Sozialverhalten von Kindern und Jugendlichen in aller Munde. Sie erregen das Interesse der Medien und der Politik, wenn auch in Wellen, und natürlich ist eine Unterstützung gerade der Politik durch fundierte wissenschaftliche Erkenntnisse wünschenswert.

Je brisanter der Anlass, um so heftiger die Reaktion der Medien – und um so fundierter sollte der Beitrag sein, den die Wissenschaft leistet, um damit der Öffentlichkeit eine gute Grundlage zur Diskussion und Meinungsbildung zu liefern sowie der Politik die Voraussetzungen für wohlbegründete und nachhaltige Entscheidungen zu bieten.

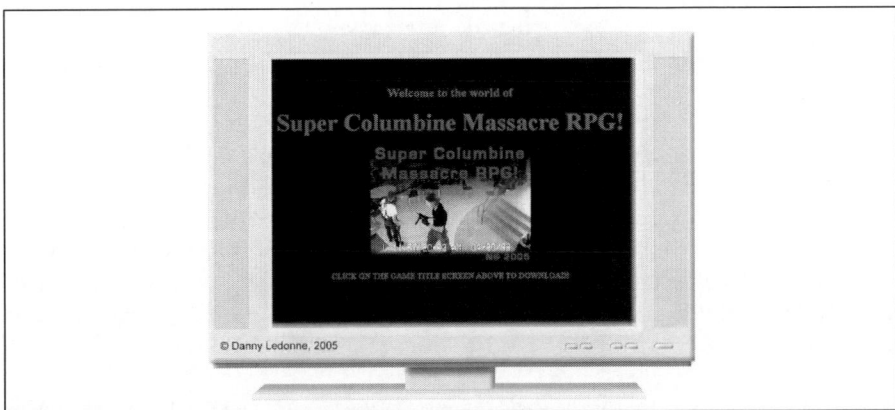

Bild 1

Bild 1 zeigt eine Web-Seite, von der man kostenlos ein Spiel mit dem Namen „Super Columbine Massacre Role-Playing Game" herunterladen kann. Der Amoklauf an der Columbine High School in Littleton, Colorado, USA, im April 1999 kann spielerisch nachvollzogen werden, wozu gehört, nach eigenem Gutdünken so viele virtuelle Mitschüler virtuell um´s Leben zu bringen, wie man mag – ein Spiel, das verständlicherweise sehr emotionale Reaktionen hervorrufen kann.

Hierzu kann und darf man sich nicht allein emotional äussern. Die Wissenschaft ist gefragt, insbesondere die auf digitale Spiele hin weiterentwickelte und angepasste Medienwirkungsforschung.

Wenn in diesem Beitrag von einer akademischen Ausbildung für Spieletechnologie und -wissenschaft die Rede ist, dann kann es nicht nur um Informatik gehen, und schon gar nicht allein um Computergraphik. Spielewissenschaft ist interdisziplinär.

1. Ansätze einer akademischen Ausbildung

Die Autoren verfügen – neben ihrer Forschungsarbeit auf diesem Gebiet – über recht umfangreiche Lehrerfahrungen im Bereich der digitalen Spiele, darunter Vorlesungen (zur Zeit in 3 Bundesländern), Forschungsseminare und Praxiswerkstätten, davon auch mit Unternehmen der Spieleindustrie, so z.B. mit dem Entwicklerstudio *Deck 13*, mit dem Produzenten *ML Enterprises* und mit dem Verlag *The Games Company*. Ungeachtet dessen ist klar, dass die Autoren hier nur Anregungen geben und Ansätze zeigen können – der Aufbau einer akademischen Ausbildung wird ein gesellschaftlicher Prozess sein, der von vielen Mitwirkenden getragen wird und letztendlich unterschiedliche Interessen und Restriktionen zu harmonisieren hat.

Wichtig ist, den Ausgangspunkt eines derartigen Vorhabens richtig einzuschätzen. Es gibt keine Wissenschaft der digitalen Spiele.

Eine Wissenschaft braucht einen Diskurs, und ein Diskurs braucht eine Sprache. Der Wissenschaft der digitalen Spiele fehlt im Moment noch die Sprache und dementsprechend der wissenschaftliche Diskurs. Bruce Philips, Microsoft Game Labs, hat es auf den Punkt gebracht[1]: „It is not only for lack of trying that a good vocabulary for describing game experiences does not exist. It is downright hard to describe video games and experience of playing them." Nicht weniger treffend ist die Titelzeile, die der Spieleentwickler Greg Costikyan für einen seiner Artikel[2] gewählt hat: „I have no Words & I Must Design."

Die geradezu hilflose Benutzung des Genre-Begriffs und seine selten zutreffende Anwendung auf digitale Spiele ist ein weiterer Indikator für den nicht gerade erfreulichen Stand der Kunst.

---

[1] Bruce Philips, *Talking about Games Experience – A View from the Trenches*, interactions, Sept./ Oct. 2006, p. 22.
[2] Greg Costikyan, *I have no Words & I Must Design*, in: The Game Design Reader. A Rules of Play Antology, K. Salen and E. Zimmerman (eds.), MIT Press, 2005, pp. 192-211.

Wer eine akademische Ausbildung für Spieletechnologie und -wissenschaft zum Ziel hat, muss sich daher unweigerlich mit den Grundlagen dieser Wissenschaft auseinandersetzen, nicht zuletzt mit der Sprachentwicklung. Wörter genügen nicht, es werden Begriffe gesucht. Dementsprechend fokussiert der vorliegende Beitrag zunächst Begriffsbildungen im Bereich der digitalen Spiele für Forschung und Lehre (Abschnitt 3), aufbauend auf einer Skizze von Grundfragen (Abschnitt 2). Daran anschliessend kann das akademische Studium selbst ins Visier genommen werden (Abschnitt 4), ergänzt von einigen Fallstudien (Abschnitt 5), die zeigen, wie der Ansatz der Autoren in praxi funktioniert.

2. Grundfragen und Grundlagen

Die Frage, was Spiel und Spielen ausmacht, ist eine alte und äusserst kontrovers diskutierte. An so einfachen Grundfragen wie der, ob ein Spiel ein Ziel haben muss oder gar ein Ende, scheiden sich die Geister. Für die einen ist daher die virtuelle Welt von SECOND LIFE definitiv kein Spiel, für die anderen doch. Im Internet fasziniert WORLD OF WARCRAFT inzwischen mehr als 7 Mio. Abonnenten, aber da es nicht auf ein bestimmtes Ende abzielt, gilt es vielen nicht als Spiel.

Die Autoren haben die Erfahrung gemacht, dass Freude im Spiel aufkommen kann, ganz in Übereinstimmung mit der Auffassung des Spieleentwicklers Raph Koster[3], die weitestgehend vom Erfolg – der sich ja eventuell. erst ganz am Ende einstellt – unabhängig ist (man vergleiche das für Zwecke der Forschung und Lehre entwickelte Spiel JOSTLE[4].). Das Erleben auf dem Weg zum Ziel, sofern es überhaupt ein solches gibt, ist das eigentliche Spiel. Darauf kommt es an. SECOND LIFE und WORLD OF WARCRAFT sind Spiele, insbesondere digitale Spiele, mit einer Vielzahl von Charakteristika, die sie näher bestimmen. So sind beide Online-Spiele für große Spielerzahlen (massively multi-player). WORLD OF WARCRAFT ist ein Rollenspiel[5], SECOND LIFE dagegen nicht.

Man sollte sich bei den Grundfragen nach Spiel und Spielen durchaus an der schon klassisch zu nennenden Arbeit von Johan Huizinga[6] orientieren, wenn man den Begriff *Spielen* genauer verstehen will. Was Spielen bedeutet, konnte Huizinga bereits sehr treffend charakterisieren, während ihm wohl eine Charakterisierung des Begriffs *Digitales Spiel* noch nicht zuzumuten war.

---

[3] Raph Koster, *A Theory of Fun for Game Design*, Paraglyph Press, 2005.

[4] Klaus P. Jantke, *Jostle 2007*, TU Ilmenau, IfMK, Diskussionsbeitrag 29, Februar 2007.

[5] Hier entspinnt sich dann meist der Streit um das, was landläufig und meist recht oberflächlich als Genre bezeichnet wird; in diesem Beitrag wird im folgenden Kapitel genauer darauf eingegangen.

[6] Johan Huizinga, *Homo ludens: proeve eener bepaling van het spel-element der cultuur*, Haarlem, H. D. Tjeenk Willing, 1938 (engl. 1949, dt. 1956).

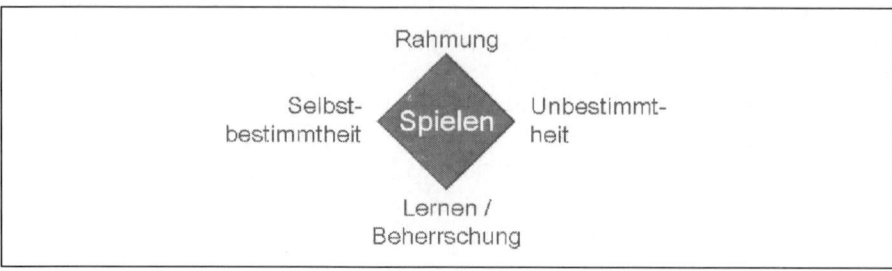

Bild 2

Die Wortwahl bei der Beschreibung von Spielen als Sozialverhalten kann durchaus variieren, aber der Substanz nach bleiben zumindest die vier Bestimmungsstücke, wie sie im nebenstehenden Bild 2 gezeigt werden, stets relevant. Wer spielt, vollzieht (wissentlich oder nicht) eine Rahmungshandlung und grenzt sein Spielen vom gewöhnlichen Alltagsleben ab. Wenn gespielt wird, geht es stets um die Beherrschung der Balance zwischen dem, was man kann und will (Selbstbestimmtheit) und dem, was man vermag bzw. was einem erlaubt wird (Unbestimmtheit), wobei diese Balance je nach Persönlichkeit und Spiel unterschiedlich erlebt wird. Wenn man spielt, lernt man mehr und mehr das Spiel zu beherrschen – der Schlüssel zum Verständnis von Spaß im Spiel, aber auch ein Zugang zur Analyse von Suchtverhalten. „Fun from games arises out of mastery. [...] In other words, with games learning is the drug", wie Raph Koster[7] es ausdrückt. In Bild 2 sind dafür die Begriffe Lernen/Beherrschung gefunden worden. Soweit die Sicht auf Spielen, ...

... und nun der Begriff Spiel – digitales Spiel. Wie man auch immer diejenigen Spiele, um die es hier geht, sehen und verstehen will, die folgenden drei Eckpunkte sind unstrittig.

• Digitale Spiele sind Unterhaltungsmedien.

• Digitale Spiele sind Computerprogramme.

• Digitale Spiele sind in höherem Maße interaktiv als andere Unterhaltungsmedien oder Computerprogramme.

Da alle drei Aspekte stets gleichzeitig zutreffen, stehen sie auch in intensiver Wechselwirkung miteinander. Die Art und Weise der Wechselwirkung bestimmt das Unterhaltungserlebnis, generell deutlich anders und meist viel stärker als bei klassischen Medien wie Theater und Film. Das Unterhaltungsmedium wiederum spezifiziert Anforderungen an das Computerprogramm. Das Computerprogramm seiner-

---

[7] Raph Koster, *A Theory of Fun for Game Design*, Paraglyph Press, 2005, p. 40.

seits determiniert mit seinem Benutzerinterface die Form der Interaktion und erlegt ihr Beschränkungen auf.

Die Separation der genannten drei Aspekte ist methodisch geradezu erzwungen, muss dabei aber stets als Denk- bzw. Modellierungsansatz verstanden werden; scharfe Trennlinien kann es nicht geben.

Akzeptiert man diese Sicht auf digitale Spiele zumindest soweit, sie für nicht falsch zu halten, dann hat das unmittelbare Konsequenzen für jede Erörterung des Aufbaus einer akademischen Ausbildung für Spieletechnologie und -wissenschaft. Eine solche Ausbildung kann gar nicht anders als interdisziplinär sein.

Ideen, ein Studium digitaler Spiele zum Beispiel der Informatik einzuverleiben, erscheint genau so verfehlt wie der Ansatz, digitale Spiele in Fachrichtungen des Design unterzubringen. Diese Sichtweise relativiert auch die Bedeutung der Computergraphik, deren Rolle erst klar wird, wenn sie unter dem Blickwinkel der Medienrezeption und der Psychologie gesehen wird, wiederum relativiert durch Erkenntnisse über selektive Aufmerksamkeit und Inattentional Blindness.

3. Begriffsbildungen für Lehre und Forschung

Auf dem Weg zur akademischen Ausbildung für Spieletechnologie und -wissenschaft muss und wird die dazu benötigte Begrifflichkeit entstehen. Anhand des geradezu verantwortungslos benutzten Genre-Begriffs soll verdeutlicht werden, wie weit einerseits der Weg noch ist, wie weit wir aber auch schon vorangekommen sind.

Digitale Spiele sind, wie im Abschnitt 2 skizziert, stets gleichzeitig Unterhaltungsmedien, Computerprogramme und in beiden Bereichen jeweils Vertreter mit dem höchsten Maß menschlicher Interaktionsmöglichkeiten. Spielen heisst interagieren.

Der konventionelle Genrebegriff bildet diese drei Dimensionen nicht adäquat ab. Was schon in den Massenmedien, etwa den Spielezeitschriften, nur mäßig und oft gar nicht funktioniert, scheitert in der wissenschaftlichen Arbeit. Wenn Wissenschaftler in einer Übersicht über Spiele ein konkretes Spiel dadurch einordnen, dass sie von einem „lustigen Genre-Mix" sprechen, dann macht das nicht nur die Leser sprachlos – dann waren das auch die Autoren selbst.

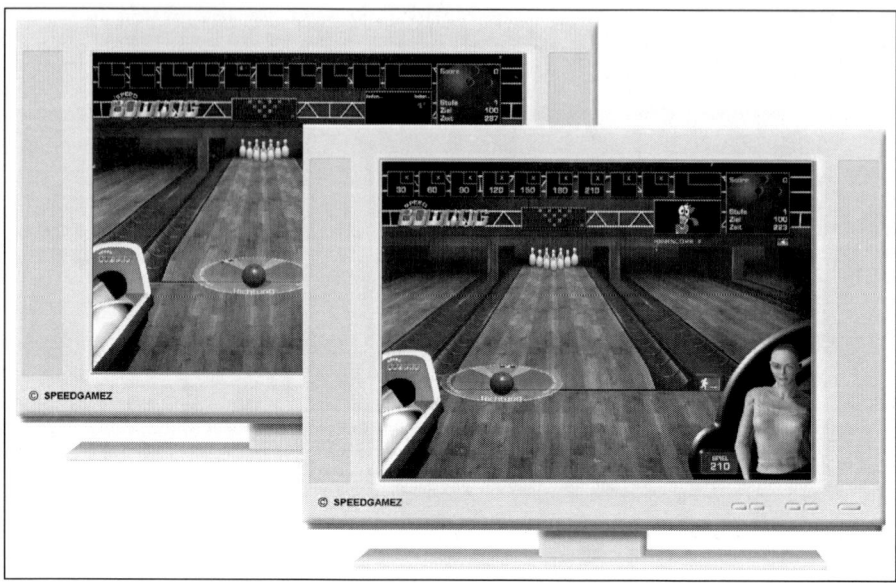

Bild 3: Ein „Sportspiel", in dem kaum Sport getrieben wird.

Das in Bild 3 gezeigte Spiel SPEEDBOWLING soll zur Illustration dienen; es wird in
den Medien als „Sportspiel" geführt und wurde als solches vertrieben. Aber worin
besteht hier der Sport? Treibt etwa ein Spieler Sport? Falls nicht, was tut er sonst?
Aus Sicht des Unterhaltungsmediums werden Spieler tatsächlich in eine Art vir-
tueller Sportwelt entführt. Was sie tun, hat dagegen mit Sport wenig zu tun. Die
Bowlingkugeln werden vom Spieler dadurch ins Spiel gebracht, dass zwei Regler
nacheinander eingestellt werden. Der erste gibt die Richtung an, in der die Kugel
abgespielt wird, der zweite die Drift (was man beim realen Bowlingspielen durch
die Abweichung des Daumens vom obersten Punkt der Kugel erreicht). Die Regler
einzustellen, ist eine Frage der Geschicklichkeit, denn sie stehen nicht still, sondern
müssen durch einen Mausklick eingefangen werden. Das verlangt eine gewisse
Hand-Auge-Koordination. Auf Seiten der Implementierung hat man es mit einer
einfachen Simulation mit zwei einzeln einstellbaren Eingabe-Parametern (und weiteren Parametern, die je nach Spiel-Level variieren) zu tun.

Anhand der drei oben genannten Aspekte kann man das Spiel SPEEDBOWLING
etwas genauer wie folgt charakterisieren:

• Unterhaltungsmedien: im allgemein Sport, konkreter Bowling

• Computerprogramm: zunächst ein PC-Spiel, im allgemeinen Simulation, insbesondere einfache Simulation mit nur zwei einstellbaren Parametern, Steuerung
  mit der Maus

- Interaktivität: im allgemeinen Geschicklichkeit, im wesentlichen Hand-Auge-Koordination, in diskreter Zeit; man erlebt vor allem Punktesammeln

Eine solche Systematik erlaubt, den Vergleich mit anderen Spielen viel genauer auf den Punkt zu bringen. Ein Beispiel soll das verdeutlichen.

Bild 4

SOUL CALIBUR II (siehe Bild 4) wird im Internet teils als „Beat'm Up Game" (also Prügelspiel), teils auch als „Actionspiel" bezeichnet. Legt man die drei obigen Kategorien zugrunde, so kommt man zu folgenden für das Spiel im Vergleich mit SPEEDBOWLING wichtigen Charakteristika:

Aus Sicht der Unterhaltung, des medialen Kunstwerks ist es wohl auch Sport, aber insbesondere Kampfsport, und das auch noch in einer Phantasiewelt (wogegen SPEEDBOWLING in der Gegenwart spielt). Als Computerprogramme sind beide Spiele viel deutlicher unterschieden, als das die mediale Erlebniswelt erkennen lässt. SOUL CALIBOUR II ist ein Konsolenspiel und wird nicht mit der Maus, sondern mit dem jeweiligen Controler gesteuert. Dieses Spiel kann auch als Simulation gesehen werden, jedoch mit deutlich größerer Zahl der steuerbaren Parameter. Die Aktionen des Spielers verlangen wiederum Geschicklichkeit und insbesondere Hand-Auge-Koordination, allerdings kontinuierlich in der Zeit. Punkte zu Sammeln steht ebenfalls im Mittelpunkt, aber aufgrund der erreichbaren Immersion auch das subjektive Gefühl, einen Kampf zu gewinnen. Für manche Spieler kommt noch das Erlebnis eines Hauchs Erotik dazu.

Die hier nur skizzierte Systematik digitaler Spiele ist als *Ilmenauer Taxonomie*[8] im Jahr 2006 vorgelegt worden. Die vorgeschlagenen drei Dimensionen zur Charakterisierung eines Spiels heissen *Genre*, *Typ* und *Klasse*.

---

[8]   Klaus P. Jantke, *Eine Taxonomie für Digitale Spiele*, TU Ilmenau, IfMK, Diskussionsbeitrag 26, Dezember 2006.

Digitale Spiele als Unterhaltungsmedien können die Spieler in eine andere Welt entführen, zeitlich wie auch räumlich. Man fühlt sich anders im antiken Rom als auf einer Raumstation weit weg in Raum und Zeit. Im sogen. Wilden Westen begegnet man anderen Charakteren als in Avalon oder Azeroth. Die Stimmung an so unterschiedlichen Orten ist oft auch sehr unterschiedlich.

Mit dem Begriff *Genre* wird die Erlebniswelt charakterisiert, in die sich ein Spieler begibt, ähnlich der Erlebniswelt im Film. Finden die Spielerlebnisse in einer Phantasiewelt statt, z.B. mit Sauriern oder mit Elfen, im Zweiten Weltkrieg oder zum Beispiel im Weltraum? Erleben wir das Lösen eines Kriminalfalls, z.B. BLACK MIRROR, oder ein Beziehungsdrama, z.B. FAÇADE?

Digitale Spiele sind komplexe IT-System, die ausserdem zunehmend mit einem beträchtlichen Anteil Künstlicher Intelligenz (KI) ausgestattet sind. Die Sicht auf Digitale Spiele als IT-Systeme ist unverzichtbar, denn als solche werden sie produziert, implementiert, ausgeliefert, installiert und benutzt. Wer digital spielt, bedient ein IT-System.

Unter der Bezeichung *Typ* eines Spiels bzw. in der betreffenden Dimension seiner Beschreibung werden diejenigen Charakteristika zusammengefasst, welche das Funktionieren (*Game Mechanics*) des Spiels determinieren. Auf den Typ eines Spiels kann man also eine logische oder auch eine technische Sicht haben. De facto können hier Schichtenmodelle zur Anwendung kommen.

Man könnte den Begriff *Klasse* als die wichtigste der drei Dimensionen auffassen, denn hier wird systematisiert, was Spieler aktiv erleben. Darauf kommt es an – wenn gespielt wird, dann mit dem Ziel des Erlebnisses. Die *Klasse* eines Spiels sagt uns, was ein(e) Spieler(in) tut, wenn er (sie) spielt. Geht es um Denken oder Geschicklichkeit? Muss man schiessen oder schleichen. Das Handeln der Spieler ist entscheidend für den Effekt des Spiels. Wenn man den Begriff „Killerspiel" prägen will, dann am besten als eine *Klasse* im Sinne der Ilmenauer Taxonomie; allerdings im Kontext des Genres, des kulturellen Raums, in dem man agiert.

4. Prinzipien einer akademischen Ausbildung

Den Grundriss einer akademischen Ausbildung für Spieletechnologie und -wissenschaft zu zeichnen ist ambitioniert. Das kann nicht allein am grünen Tisch gelingen. Die Autoren greifen daher auf ihre bisherigen Erfahrungen in der Lehre zurück (allein in den letzten zwei Semestern 10 Lehrveranstaltungen in Ilmenau, 3 Vorlesungen in Darmstadt und in Leipzig sowie die neue Games Master Class in Leipzig), von denen ausgewählte im folgenden Abschnitt skizziert werden.

Erstes Prinzip – Interdisziplinarität: Digitale Spiele sind, wie erläutert, stets gleichzeitig Unterhaltungsmedien, Computerprogramme und in hohem Maße interaktive

Systeme in diesen beiden Bereichen. Informatik und Sozialwissenschaften, insbesondere Medienwissenschaft (inkl. Medienpsychologie, -didaktik), gehören in der akademischen Ausbildung zusammen, wenn es um digitale Spiele geht.

An der TU Ilmenau wird dieses Prinzip realisiert durch das *Ilmenauer Modell* – das Zusammenwirken von Wirtschaftswissenschaften, Ingenieurwissenschaften und Sozialwissenschaften in den eng verzahnten drei Studiengänge Medienwirtschaft, Medientechnologie und Angewandte Medienwissenschaft. In den Vorlesungen über digitale Spiele trifft man typischerweise Studierende aller drei Fachrichtungen.

Das Modell, das sich im Studienbetrieb am deutlichsten herauskristallisiert, wird in Forschung und Lehre durch Kooperation von Wissenschaftler(inne)n dieser drei Richtungen realisiert (vgl. folgendes Kapitel).

Nach Auffassung der Autoren muss jedes Curriculum über digitale Spiele dieser Interdisziplinarität gerecht werden. Informatiker sollen sich mit Medienwirkungsforschung auseinandersetzen, ebenso wie z.B. Medienwissenschaftler sich mit KI befassen müssen.

Zweites Prinzip – Kooperation: Interdisziplinarität führt auf organische Weise zu fächerübergreifender Kooperation. Im Bereich der digitalen Spiele ist es wichtig, dies Studierende im Studium selbst erleben zu lassen – erleben heisst praktizieren, selbst machen.

Wer zum Beispiel an einer Spielentwicklung arbeitet, wird durch ein interdisziplinäres Curriculum gleichzeitig z.B. mit Fragen der Wirkungsforschung oder mit Fragen des Marktes konfrontiert.

Da Studierende nicht auf allen Gebieten gleichermaßen federführend kompetent sein können, lernen sie es, in interdisziplinären Teams zu kooperieren.

Drittes Prinzip – Feedback: Gemeint ist hier das fächerübergreifende Feedback, also die Rückkopplung von sozialwissenschaftlicher Forschung auf ingenieurwissenschaftliche Entwicklungen und ähnliches.

Die Autoren schlagen ein Modell vor, das sie selbst bereits erfolgreich erproben: Zyklen der technologisch-sozialwissenschaftlichen Arbeit. In einem Zeitraum (man stelle sich ein Semester vor) wird ein Projekt mit Mitteln der Informatik bearbeitet. Das Ergebnis wird im Nachfolgezeitraum einem Team für sozialwissenschaftliche Arbeiten übergeben. Ergebnisse der sozialwissenschaftlichen Arbeit fliessen zurück in die technologisch-ingenieurwissenschaftliche Arbeit des Folgezeitraums usw. usf. (vgl. Fallstudien im folgenden Abschnitt).

Viertes Prinzip – Praxisbezug: Unternehmen der Spieleindustrie in Deutschland klagen über einen Mangel an qualifiziertem Nachwuchs. Dabei können Unternehmen schon jetzt in gezielter Kooperation darauf hinwirken, die akademische Ausbildung attraktiver zu machen und im Gegenzug das Interesse von Studierenden zu wecken und geeignete Interessenten rechtzeitig für Praktika und für Diplom-, Bachelor- oder Masterarbeiten im Unternehmen zu gewinnen.

Ein herausragendes und ganz aktuelles Beispiel für eine derartige Kooperation ist die Games Master Class[9] in Leipzig (der erstgenannte Autor fungiert als Direktor), die durch maßgebliches Engagement der Leipziger Messe, von Unternehmen der Spieleindustrie und der Wirtschaftsförderung der Stadt Leipzig ins Leben gerufen worden ist. Die Durchführung ist durch eine Förderung der Leipziger Stiftung für Innovation und Technologietransfer ermöglicht worden.

Fünftes Prinzip – Allgegenwart: Digitale Spiele sind sehr attraktiv für viele insbesondere jüngere Menschen und bergen daher ein Potential zum Beispiel für das Lernen, das bisher noch kaum genutzt wird. Digitale Spiele können sozusagen allgegenwärtig werden und für Zwecke anderer Disziplinen zum Einsatz kommen.

Ein Beispiel im Arbeitsbereich der Autoren sind Arbeiten zur IT-Sicherheit in Online-Spielen – besser kann man für Studierende den Problemkreis der Sicherheit von IT-Systemen nicht motivieren und anschaulich erschliessen. Der betreffenden Lehrveranstaltung ist eine weitere über „Fairness im Spiel" – soziale Fragen der IT-Sicherheit – gefolgt.

Komplexe Studienfächer, etwa Künstliche Intelligenz, lassen sich mit digitalen Spielen vermitteln (vgl. nachfolgende Fallstudien).

Kindermedien, e-Learning und lebenslanges Lernen sind weitere Wirkungsfelder.

5. Fallstudien der akademischen Lehre und Forschung

Wie wirken unterschiedliche Varianten von Künstlicher Intelligenz (KI) im Spiel? Wie wird die KI von programmierten Gegnern (Non-Player Characters, kurz NPCs) erlebt? In welchem Maße trägt mehr oder weniger KI zum Spielspaß bei? Fragen dieser Art würde man sicherlich in vielen Unternehmen gern genauer und mit vielen Details beantwortet bekommen.

Die Autoren praktizieren Zyklen der Spielentwicklung – hier sind vorwiegend Informatiker am Zug – und der Evaluation von Spielerlebnissen – eine Domäne der Medienwissenschaftler. Das Rad der Zyklen hat begonnen sich zu drehen. Im Sommersemester 2007 sind Varianten des Spiels JOSTLE[10] implementiert worden, die

---

[9] http://www.fit-leipzig.de/GMC/
[10] Klaus P. Jantke, *Jostle 2007*, TU Ilmenau, IfMK, Diskussionsbeitrag 29, Februar 2007.

im Wintersemester 2007/08 an einem Ilmenauer Gymnasium in ihrer Wirkung auf die Spieler untersucht werden. Bild 5 zeigt die in einer Abbildung zusammen-gefassten Interfaces von drei Spielern (zwei sind virtuell und brauchen eigentlich kein graphisches Interface[11]) einer Internet-fähigen Variante von JOSTLE.

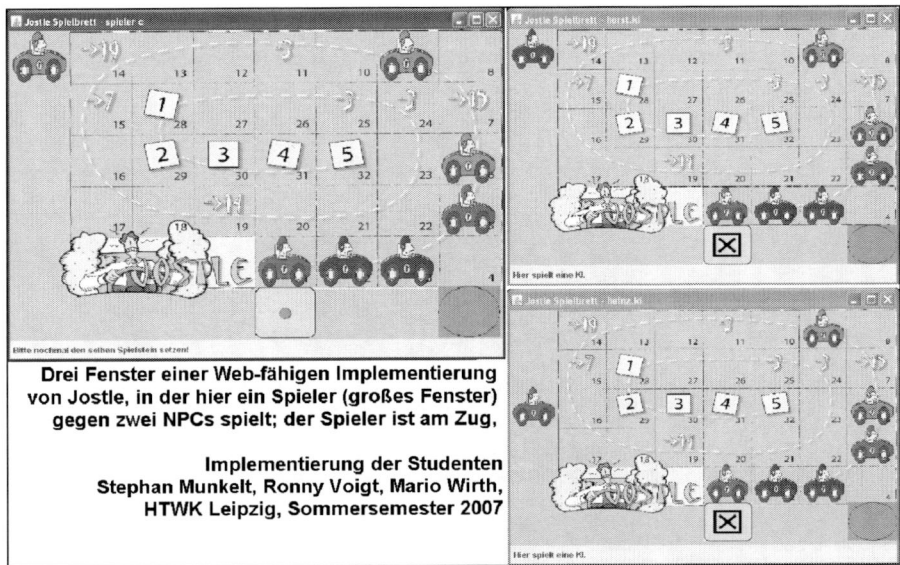

Drei Fenster einer Web-fähigen Implementierung von Jostle, in der hier ein Spieler (großes Fenster) gegen zwei NPCs spielt; der Spieler ist am Zug,

Implementierung der Studenten Stephan Munkelt, Ronny Voigt, Mario Wirth, HTWK Leipzig, Sommersemester 2007

Bild 5

Medienwirkungsforschung wird Rückschlüsse auf Stärken und Schwächen von Spielstrategien und ihre Implementierung erlauben. Daran werden künftige Spiele-entwicklungen sich orientieren können.

Ein vollkommen analoger Zyklus hat im Wintersemester 2007/08 begonnen. Stu-dierende am Fachbereich Informatik der Hochschule Darmstadt implementieren unterschiedliche Versionen des Spiels GORGE[12], das exklusiv für Zwecke der Lehre und Forschung durch den erstgenannten Autor der vorliegenden Arbeit entwickelt worden ist.

Das Spiel GORGE provoziert Spieler, sich zu entscheiden, ob sie eher kooperativ oder eher aggressiv spielen wollen. Sie können Allianzen eingehen und diesen treu bleiben oder sie brechen. Wie verhalten sich menschliche Spieler? Wie erleben sie

---

[11] Interfaces für NPCs sind u.a. dazu da, die Spielweise solcher virtuellen Spieler zu beobachten.

[12] Klaus P. Jantke, Rainer Knauf & Stefan Kalkbrenner, *Introducing Artificial Intelligence to Children: KIK*, PISA 2007, Sapporo, Japan, August 27-29, 2007, K. P. Jantke, R. Kaschek & Y. Tanaka (eds.), Hokkaido University Sapporo, 2007.

analoges Verhalten von NPCs? Unzählige Fragen tun sich auf, von denen einige in sozialwissenschaftlicher Arbeit im Sommersemester 2008 beantwortet werden.

„Artificial Intelligence through Digital Games" ist eine fakultätsübergreifende Vorlesung im Wintersemester 2007/08, unterstützt durch ein Wiki im Internet[13]. Das Ziel besteht darin, Themen der KI mittels digitaler Spiele besser vermitteln zu können. Die besondere Herausforderung resultiert aus einem heterogenen Teilnehmerkreis: Studierende der Angewandten Medienwissenschaft ebenso wie solche der Informatik.

Bild 6

Diese Vorlesung ist ein Experiment. Alle, auch die Lehrenden, werden erleben und lernen, wie sich digitale Spiele einsetzen lassen, um komplexe Themen angenehmer und damit auch leichter und nachhaltiger vermitteln zu können.

Bild 6 zeigt eine Szene aus dem PC-Spiel HALF-LIFE, in dem angreifende NPCs eine Art Schwarmverhalten zeigen, um dem Spiel mehr Glaubwürdigkeit zu vermitteln und auf diese Weise zu tieferer Immersion auf Seiten der Spieler beizutragen. Schwarmverhalten ist ein KI-Konzept, das sowohl technologisch als auch sozialwissenschaftlich untersucht wird.

Weitere bereits praktizierte Formen der akademischen Ausbildung für Spieletechnologie und -wissenschaft übersteigen den hier verfügbaren Platz; genannt werden sollen zumindest Leitfadeninterviews von Studierenden der TU Ilmenau auf der GC Developers Conference im August 2007 und die Konzipierung eines Spiels für eine kommerzielle Ausstellung.

---

[13] http://www.ai-through-games.wikispaces.com/

6. So sehen wir betroffen, der Vorhang zu und alle Fragen offen[14]

Folgt man der *Ilmenauer Taxonomie* (vgl. Abschnitt 3), so besteht kaum Zweifel: Es gibt „Killerspiele". Das Wort bezeichnet eine Klasse von Spielen, in denen das hauptsächliche Erlebnis des Spielers darin besteht, in der virtuellen Welt, in der er unterwegs und aktiv ist, Gegner zu töten, um die eigene Mission zu erfüllen. Dabei muss das Genre die Glaubwürdigkeit und Nachvollziehbarkeit der Aktionen in der virtuellen Welt unterstützen (weshalb SUPER MARIO SUNSHINE kein Killerspiel ist).

Aber jedes digitale Spiel hat zumindest drei Dimensionen: Genre , Typ und Klasse. Darüber hinaus kann es im allgemeinen in jeder der drei Dimensionen durch mehr als ein Konzept bestimmt werden. In jedem Fall ist es notwendig, genauer hinzusehen. Bild 7 zeigt zwei sogenannte Screenshots aus einem nagelneuen Killerspiel (Dank an Dennis K. Mendel, der auf der XBox 360 diese Szenen festgehalten hat).

Bild 7: Soziale Aktionen jenseits bisheriger Vorstellungen im Killerspiel THE DARKNESS

---

[14] Zitat aus: Bertolt Brecht, *Der gute Mensch von Sezuan*, Aufbau-Verlag Berlin, 1953 (Uraufführung Zürich, 1943).

Im Kapitel 4 des Spiels bekommt der Spieler vom britischen Soldaten Hazelgrove ein Amulett und eine mündliche Botschaft (Screenshot oben rechts) mit der Bitte, beides der Frau des Soldaten zu übermitteln (Screenshot unten links). Es gibt eine Reihe weiterer Missionen, u.a. das Übermitteln von Briefen an Soldatenfrauen. Im Zusammenhang mit diesen Aufgaben sowie in besonderen Spielerlebnissen, etwa in der sogenannten Suicide Corner, wird das Grauen des Krieges auf subtile Art und Weise deutlich Zu welcher Klasse im Sinne der Ilmenauer Taxonomie gehört das Spiel THE DARKNESS? Sicherlich ist es ein Shooter. Man wird sich wohl auch auf die Klasse der Killerspiele einigen können? Aber was ist es noch?

Und – vor allem – gehört THE DARKNESS indiziert oder verboten, weil im Spektrum seiner Klasseneigenschaften auch Killerspiel steht? Oder muss das Spiel als Ganzes gesehen werden? Kein Zweifel, Kinder und Jugendliche sollen vor ihnen schädlichen Einflüssen geschützt werden, wozu auch Verbote als Maßnahme legitim sind. Es ist oft nicht so einfach, wie man im ersten Moment denkt.

Solange die (kommende) Wissenschaft der digitalen Spiele noch nach sprachlichen Ausdrucksmitteln sucht, solange sie im wahrsten Sinne des Wortes sprachlos ist, verwundert es nicht, wenn es auf bestimmte Fragen keine Antworten gibt.

Zu der heute anstehenden Formierung einer akademischen Ausbildung für Spieletechnologie und -wissenschaft wird ganz zu Anfang auch die Herausbildung ihrer Sprache gehören, die im noch rudimentären Diskurs selbst entsteht. Einen kleinen Beitrag in dieser Richtung kann die Ilmenauer Taxonomie leisten, vor allem dann, wenn sie weiterentwickelt wird.

Die interdisziplinäre Forschung und Lehre im Bereich der digitalen Spiele hat bereits begonnen; das Ilmenauer Modell stellt einen hervorragenden Rahmen dafür dar, die Vorlesung „Artificial Intelligence through Digital Games" ist nur ein einzelnes Beispiel fächerübergreifender Kooperation, und die Zyklen von Spielentwicklung und Medienwirkungsforschung sind bereits im Gange.

Wünschenswert ist eine unbefangene Kommunikation und eine weitaus engere Kooperation aller am Aufbau einer solchen akademischen Ausbildung für Spieletechnologie und -wissenschaft Interessierten. Noch sind die Sprachen, die gesprochen werden, zum großen Teil wechselseitig zu schwer verständlich. Das wird sich im Laufe der Zeit ändern und diejenigen werden im Vorteil sein, die sich auf andere Sprech-, Denk- und Arbeitsweisen einlassen.

Digitale Spiele sind auf dem Markt und in der gesamten Gesellschaft nicht aufzuhalten. Dasselbe gilt für Studium und Lehre.

Literatur

Bertolt Brecht, *Der gute Mensch von Sezuan*, Aufbau-Verlag Berlin, 1953.

Greg Costikyan, *I have no Words & I Must Design*, in: The Game Design Reader. A Rules of Play Antology, K. Salen and E. Zimmerman (eds.), MIT Press, 2005, pp. 192-211.

Johan Huizinga, *Homo ludens: proeve eener bepaling van het spel-element der cultuur*, Haarlem, H. D. Tjeenk Willing, 1938.

Klaus P. Jantke, *Eine Taxonomie für Digitale Spiele*, TU Ilmenau, IfMK, Diskussionsbeitrag 26, Dezember 2006.

Klaus P. Jantke, *Jostle 2007*, TU Ilmenau, IfMK, Diskussionsbeitrag 29, Februar 2007.

Klaus P. Jantke, Rainer Knauf & Stefan Kalkbrenner, *Introducing Artificial Intelligence to Children: KIK*, PISA 2007, Sapporo, Japan, August 27-29, 2007, K. P. Jantke, R. Kaschek & Y. Tanaka (eds.), Hokkaido University Sapporo, 2007.

Raph Koster, *A Theory of Fun for Game Design*, Paraglyph Press, 2005.

Bruce Philips, *Talking about Games Experience – A View from the Trenches*, interactions, Sept./ Oct. 2006.

9 Spiel-Entwicklung und Technologie

Stephan Reichart
Aruba Studios GmbH, Mülheim

Die Entwicklung von Computer- und Videospielen fasziniert immer mehr Menschen. Nicht selten werden wir daher angesprochen, ob wir nicht eine besonders spannende Idee zu einem Spiel umsetzen wollen. Häufig sind diese Spieleideen bereits sehr kreativ ausgearbeitet und in langen Monaten ausformuliert worden. Trotzdem lehnen wir – und auch die meisten anderen Publisher und Entwickler – 99,9% dieser Ideen ab. Nicht weil sie schlecht sind, sondern weil wichtige wirtschaftliche Rahmenbedingungen nicht durchdacht wurden.

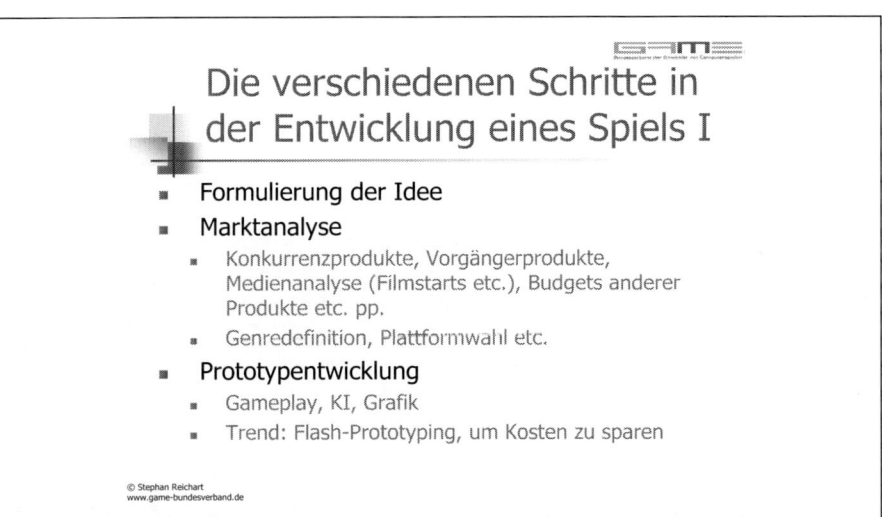

Bild 1

Spieleentwicklung ist ein sehr kreativer und zugleich wirtschaftlich umfangreicher Prozess. Das Ganze fängt schon mit dem ersten Schritt an: der Formulierung der Idee (Bild 1). Die Idee ist bei einem Computerspiel bereits das A und O – um ein Produkt erfolgreich im Markt zu platzieren, reicht es nicht zu sagen „Ich habe eine tolle Idee für ein spannendes, nie da gewesenes Rollenspiel!" Denn selbst, wenn diese Idee tatsächlich bisher einmalig wäre, müssten von vornherein auch die wirtschaftlichen Rahmenbedingungen stimmen, bevor weitere Energie in die Produktion gesteckt würde.

Daher muss man bereits in dieser frühen Phase der Spieleentwicklung folgende Punkte beachten:

- Welche Zielgruppe hat das Spiel?
- Wie viele potentielle Käufer gibt es tatsächlich für meine Idee?
- Auf welcher Plattform kann mein Spiel gespielt werden? (PC, Konsole, Handy etc.?)
- Welche ähnlichen Ideen wurden bereits umgesetzt?
- Wie erfolgreich waren diese Spiele im Markt – national und international?
- Wer kann dieses Spiel entwickeln?
- Wer kann dieses Spiel vermarkten?
- Wie viele Mitarbeiter muss ich über welchen Zeitraum mit der Entwicklung dieses Spiels beauftragen?
- Welche Kosten entstehen dabei?
- Welchen Umsatz kann ich mit diesem Spiel generieren?
- Welche Technologien müssen in der Produktion eingesetzt werden?
- Welche Lizenzkosten entstehen dabei? (eine gute Grafikengine kostet z.B. zwischen 250.000,– € und 800.000,– € …)
- Usw. usf.

Erst wenn ich für all diese Fragen überzeugende Antworten gefunden habe, macht es Sinn, weitere Energien in diese Idee zu investieren.

Die weitere Formulierung einer Idee läuft bei uns genauso, wie Sie das vielleicht aus dem Filmbereich kennen. Es werden Exposés geschrieben, diese ausgearbeitet und dann präsentiert. Bis zur Umsetzung einer Idee können durchaus ein bis zwei Jahre vergehen. In dieser Zeit sucht man sich einen Verleger (Publisher), Geldgeber, Mitarbeiter etc.

Danach geht es in die Prototypentwicklung. Ein guter Prototyp erfüllt folgenden Zweck:

1. Er beweist, dass das Gameplay funktioniert, also, das Spiel Spaß macht.
2. Er beweist, dass der Entwickler technisch in der Lage ist, das Spiel zu entwickeln.
3. Er hilft in einer sehr frühen Phase Designschwächen und Entwicklungsprobleme zu identifizieren.

Die verschiedenen Schritte in der Entwicklung eines Spiels II

- ■ **Teamaufbau**
  - ■ Grafiker (3D, 2D)
  - ■ Programmierer (Wegfindung, Animation, Spiellogik etc.)
  - ■ Leveldesigner, Tester, Autoren, Komponisten etc.pp.
- ■ **Einsatz von Middleware**
  - ■ Fertige KI-Technologie, Grafik-Engines, Physik-Engines, Sound-Technologien etc.

© Stephan Reichart
www.game-bundesverband.de

Bild 2

Am Ende der Prototypentwicklung beginnt dann die eigentliche Produktion (Bild 2). Während der Prototyp mit einem relativ kleinen Team produziert werden kann- zwischen 10-15 Mitarbeiter reichen bei normalen PC-Entwicklungen durchaus aus – wird zu Entwicklungsbeginn das Team erheblich vergrößert. Die Teamgröße deutscher Entwicklerstudios liegt zwischen 15 und 180 Mitarbeitern, je nach Produkt. Üblicherweise sind die Teams wie folgt aufgebaut:

- Management
- Lead-Positionen im Bereich Grafik, Programmierung, QA, Support und Game-Design (inkl. LevelDesign & Storytelling)
- Technisches Direktoren im Bereich Grafik, Programmierung und QA
- Einzelne Abteilungen mit Senior und Junior Positionen im Bereich Grafik, Programmierung, QA, Support und GameDesign
- Externe Mitarbeiter zur Unterstützung in allen o.g. Bereichen
- Externe Zulieferer im Bereich Sound & Music

Leveldesigner, Tester, Autoren, Komponisten usw. runden das Team ab. Die Musik bei aktuellen Compterspielen, gerade auch bei deutschen Produktionen, wird mittlerweile sehr häufig von Orchestern eingespielt. Bei Produkten wie z.B. „Anno 1701", ein ganz hervorragendes deutsches Spiel aus dem letzten Jahr, haben über 80 Musiker den Soundtrack aufgenommen.

Die verschiedenen Schritte in der
Entwicklung eines Spiels III

- Spielproduktion
  - Stichpunkte:
    - Meilensteine – Prototyp, Alpha & Beta-Version, Gold-Master
    - Quality Assurance intern / extern
    - Offener oder geschlossener Beta-Test
    - Lokalisierung, Presseversionen, Demoversionen (Messen etc.)

© Stephan Reichart
www.game-bundesverband.de

Bild 3

Ein wichtiger Punkt in der Spieleentwicklung ist zudem der Einsatz der richtigen Technologien (Bild 3). Die wichtigste Frage dabei: Was muss man selber entwickeln und welche Technologie kann ich extern einkaufen?

Technologieentwicklung aus
Deutschland

- Deutsche Middleware
  - TinCat – Massive Multiplayer Engine
    - Sacred 1 & 2, Siedler div. Teile, Cultures etc.
  - Vision Engine (Trinigy) – Multiplattform Game Developement Engine
  - Cryengine – fortschrittlichste deutsche Game Engine - von Crytek
  - Xait-engine – KI-Engine zur Wegfindung, Aufgabenverteilung etc.
  - Nebula Engine – 2D/3D deutsche OpenSource Engine

© Stephan Reichart
www.game-bundesverband.de

Bild 4

Diese so genannte *Middleware* oder *Engine* hilft bei der Produktion erheblich
(Bild 4). Allen voran gibt es da z.B. Physik-Middleware, die heutzutage in fast
jedem größeren Actionspiel, Rennspiel usw. Verwendung findet. Eine Physik-
Engine programmiert man heutzutage kaum noch selber. Man kauft sie ein.

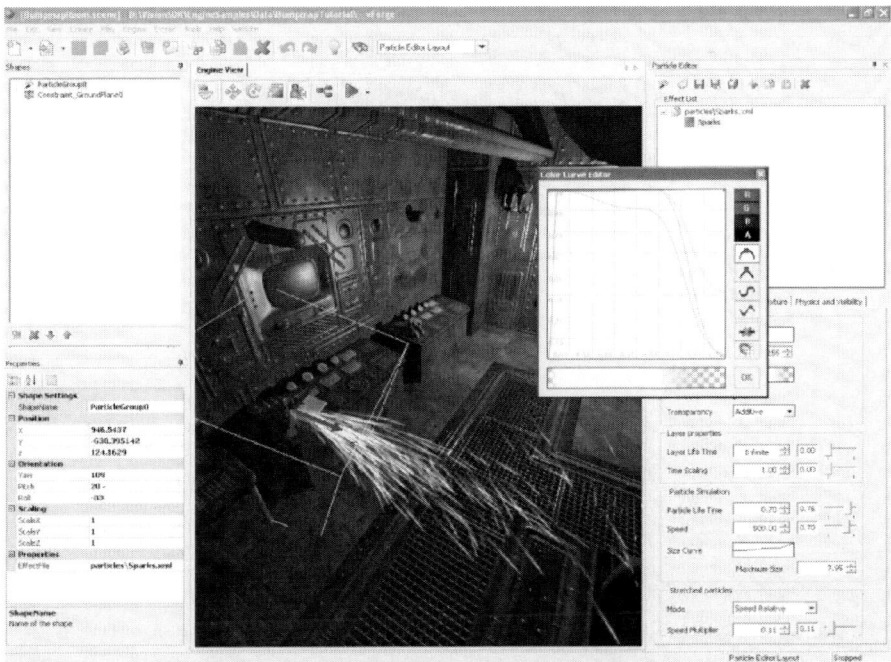

Bild 5

Dasselbe trifft auch auf die Grafik-Engine zu (Bild 5). Gerade in Deutschland
kaufen viele Entwicklerstudios lieber eine Engine ein, investieren einmal und
müssen sich „keine Gedanken mehr" um die Produktion zu machen. Natürlich sind
solche Entscheidungen immer auch Budgetentscheidungen, da hinter jeder Middleware entsprechende Lizenzkosten stehen.

Bild 6

Nachdem nun also die Eckdaten einer Spieleentwicklung generell geregelt und analysiert wurden, beginnt die eigentliche Produktion. In dieser Phase greifen in unserer Branche dieselben Mechanismen, wie in anderen hochtechnologischen Entwicklungen auch. Das heißt, es werden Projektpläne entwickelt, Meilensteine definiert, verschiedene Produktionsphase unterschiedlich nach außen kommuniziert, Demoversionen für Presse- und Messetermine entwickelt etc. pp.

Bild 7

Die Entwicklung eines Spiels dauert, je nach Zielgruppe, Plattform und Umfang der Entwicklung unterschiedlich lang. Ein recht einfaches Spiel – ein so genanntes Casualgame wie z.B. das sehr beliebte Moorhuhn – hat meist nur eine Entwicklungszeit von 3-6 Monaten und wird mit 5-10 Personen produziert. Legt man durchschnittliche Mannmonatskosten von ca. 4.500,– € zu Grunde, dann kostet die Produktion eines Casualgames für den PC zwischen 80.000,– € und 150.000,– €. Die Produktion eines weltweiten Tripple-A Produktes – wie z.B. die des Frankfurter Entwicklers Crytek (Das Actionspiel „Crysis") – liegt mit bis zu 180 Mitarbeitern natürlich deutlich höher und im Millionen Euro Bereich und dauert zwischen 24 und 36 Monaten. Die Spieleentwicklung ist also längst den Kinderschuhen entwachsen und weltweit werden zwischen 25 und 30 Mrd. Euro mit Spielen pro Jahr verdient. Mit einem jährlichen Wachstum von gut 12%.

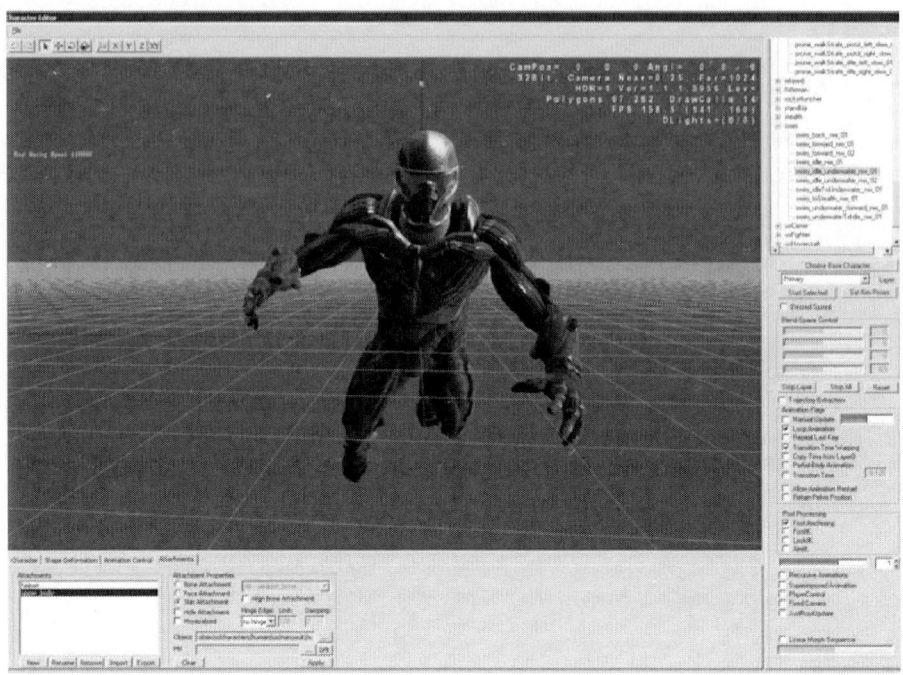

Bild 8

Die Faszination eines Spiels liegt vor allem in der Kombination der klassischen Medien zu einem interaktiven Erlebnis, das der Spieler selber steuern kann und nach seinen eigenen Zeitvorstellungen erleben kann. Spiele beinhalten längst optische Effekte, die in den modernsten Animationsfilmen von Disney oder Pixar vorkommen, berauschende Musikerlebnisse wie sie die Klassik oder der Film bieten sowie spannendste Story- und Emotionserlebnisse, die man sonst nur vom Film und der Literatur kannte (Bilder 6, 7, 8). Es ist daher nur noch eine Frage der Zeit, bis die klassischen Medien zu einer gemeinsamen Entertainmentindustrie zusammenwachsen und Games zum abendlichen Unterhaltungsstandard werden.

Hier noch eine Übersicht über die in der Gamesbranche eingesetzten Engines:

http://www.trinigy.net/ – Homepage Trinigy GmbH
http://www.x-aitment.net/ – Homepage X-aitment GmbH
http://www.crytek.de – Homepage Crytek GmbH / Cryengine
http://www.tincat.de/ – Homepage instance4 – TinCat
http://www.radonlabs.de/nebula.html – Homepage Nebula Engine

Weitere Informationen über Marktentwicklungen und die deutsche Spielebranche finden Sie online unter www.game-bundesverband.de (Bild 9).

Für weitere Informationen und Rückfragen:

Stephan Reichart

G.A.M.E. Bundesverband e.V.
Aktienstraße 214
45473 Mülheim an der Ruhr
reichart@game-bundesverband.de

Bild 9

10 Zielgruppen und Nutzerprofile

Christoph Zeh
GfK Panel Services Deutschland GmbH, Nürnberg

Im Folgenden sind die beim Vortrag verwendeten Folien abgedruckt. Der Vortrag ist als Life-Mitschnitt über die Homepage des Münchner Kreises verfügbar (http://www.muenchner-kreis.de/veranstaltungen/seit-2000.html).

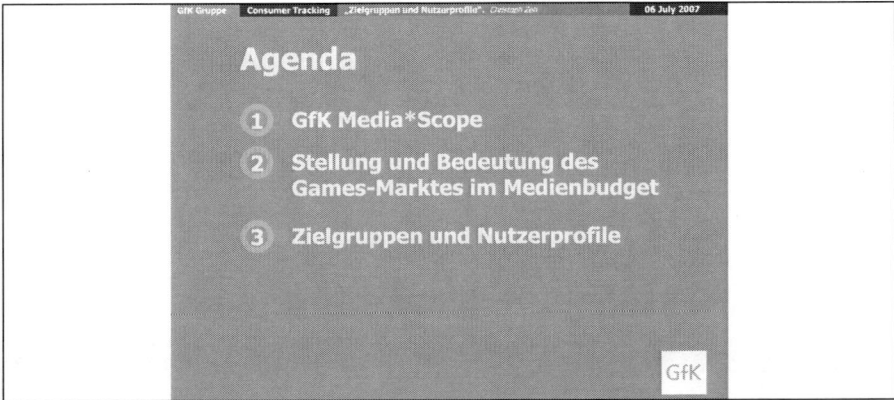

Bild 1

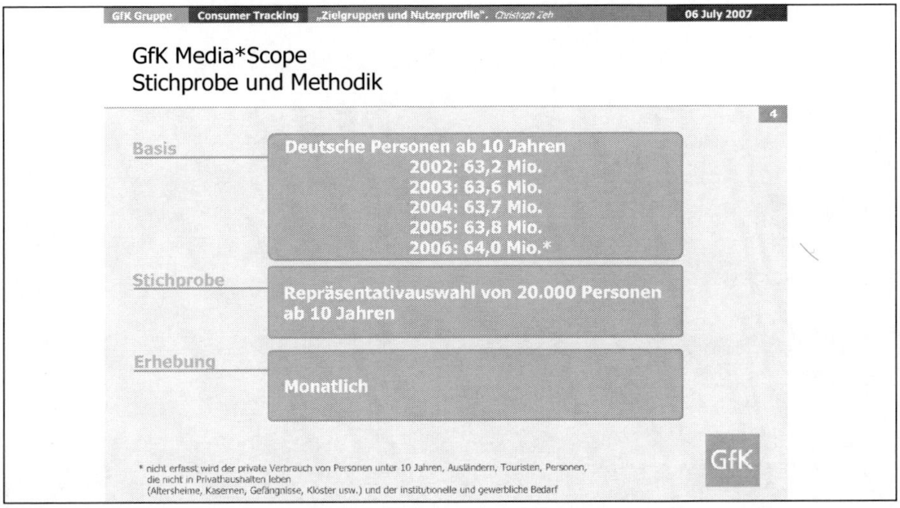

Bild 2

Bild 3

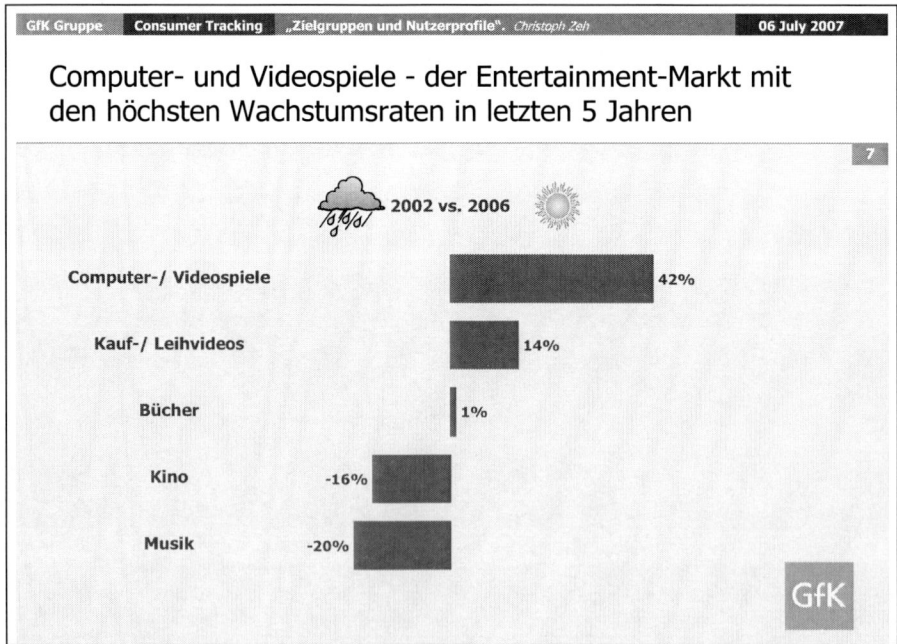

Bild 4

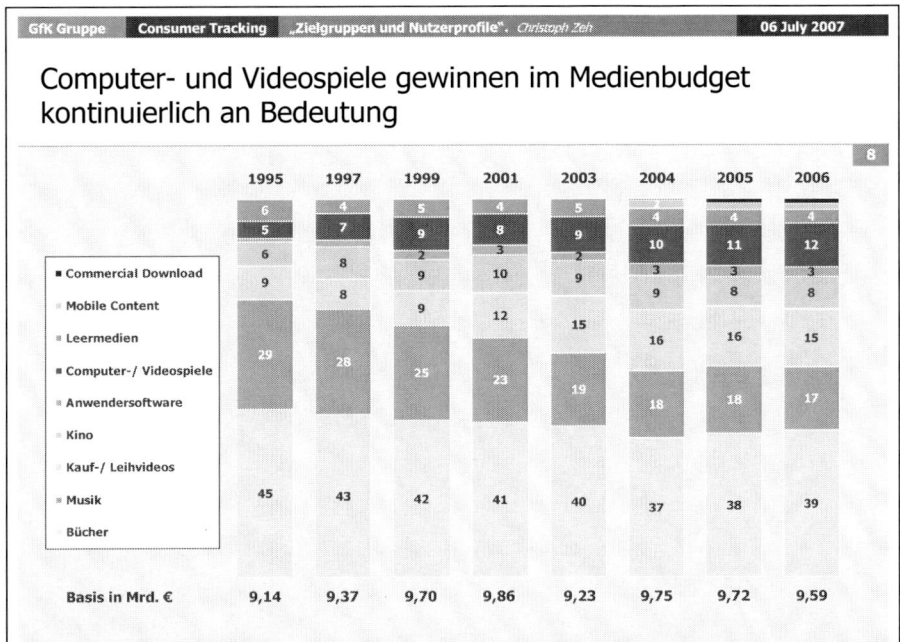

Bild 5

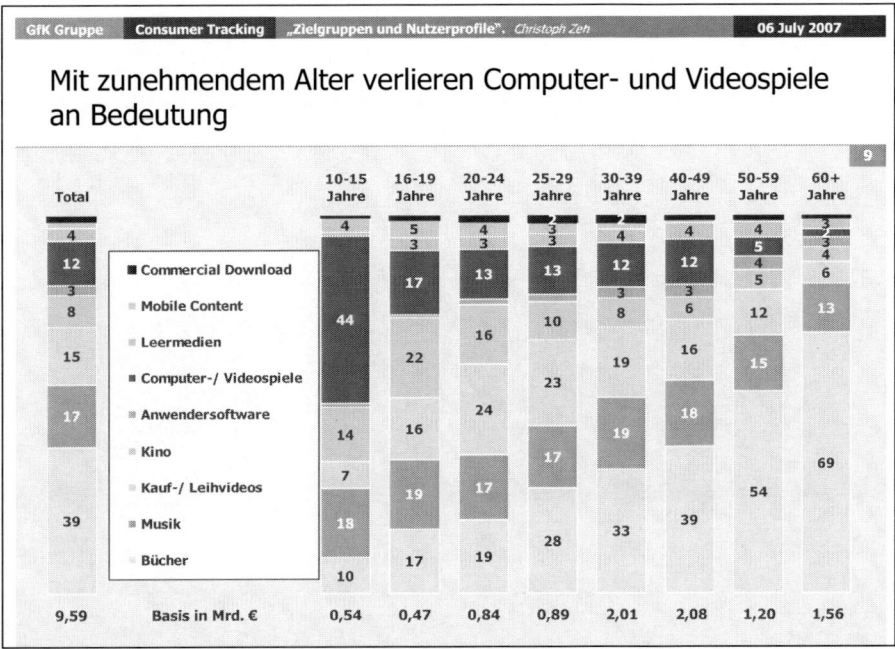

Bild 6

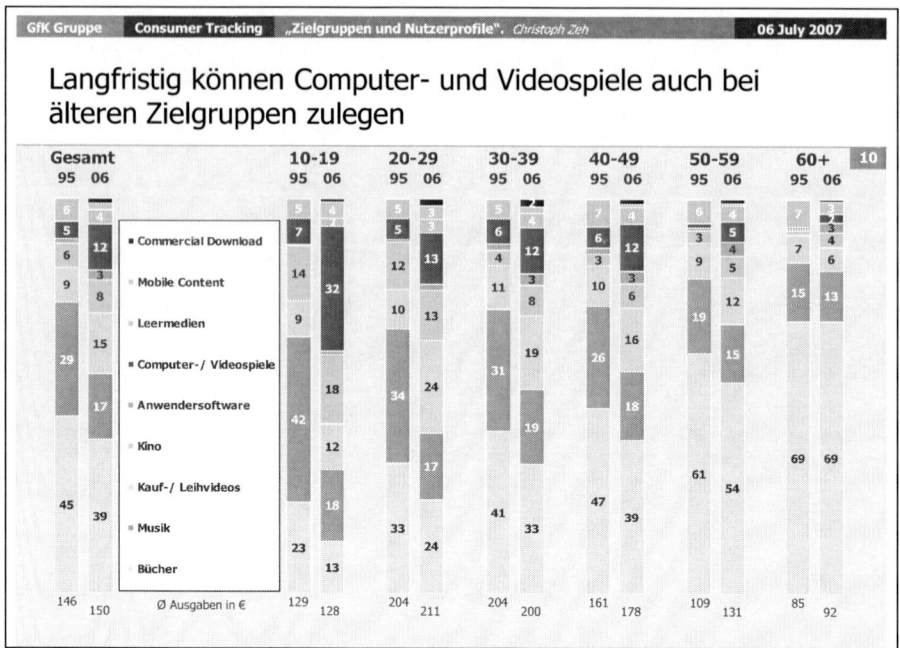

Bild 7

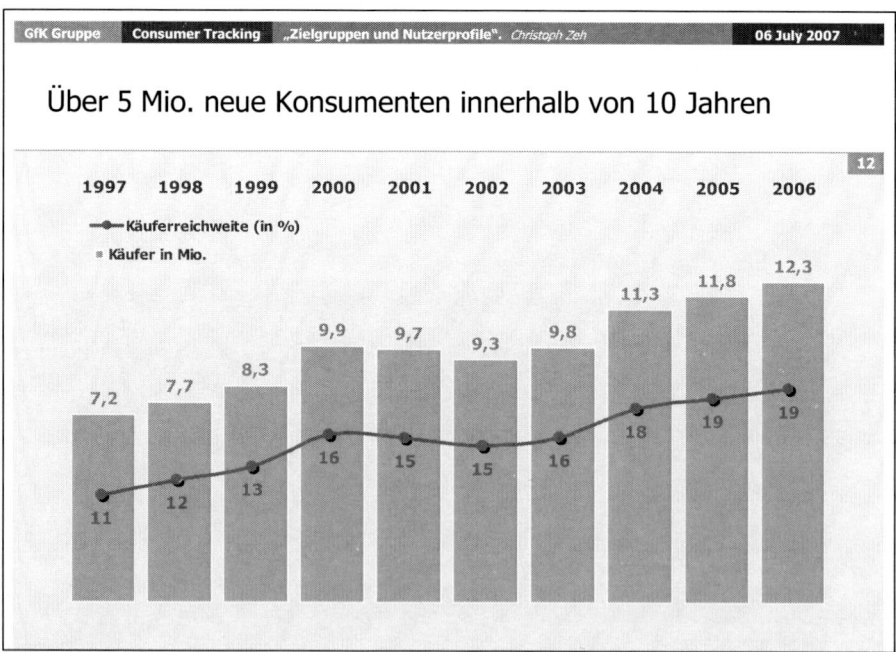

Bild 8

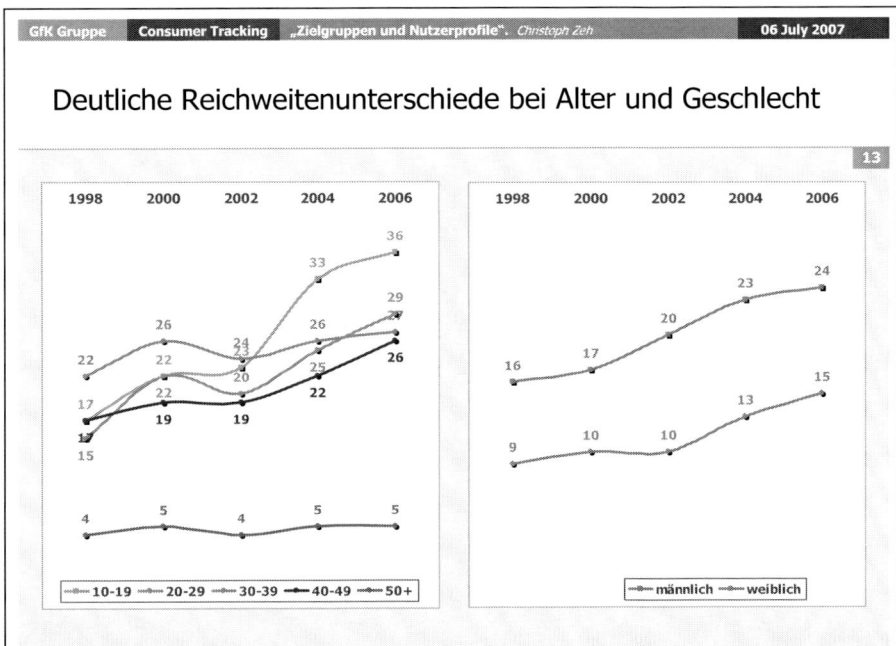

Bild 9

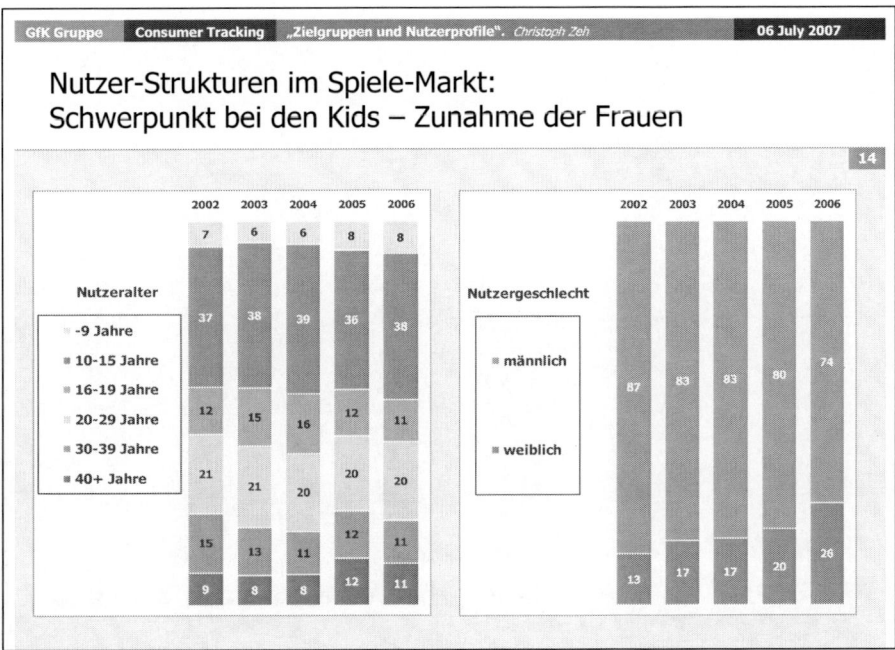

Bild 10

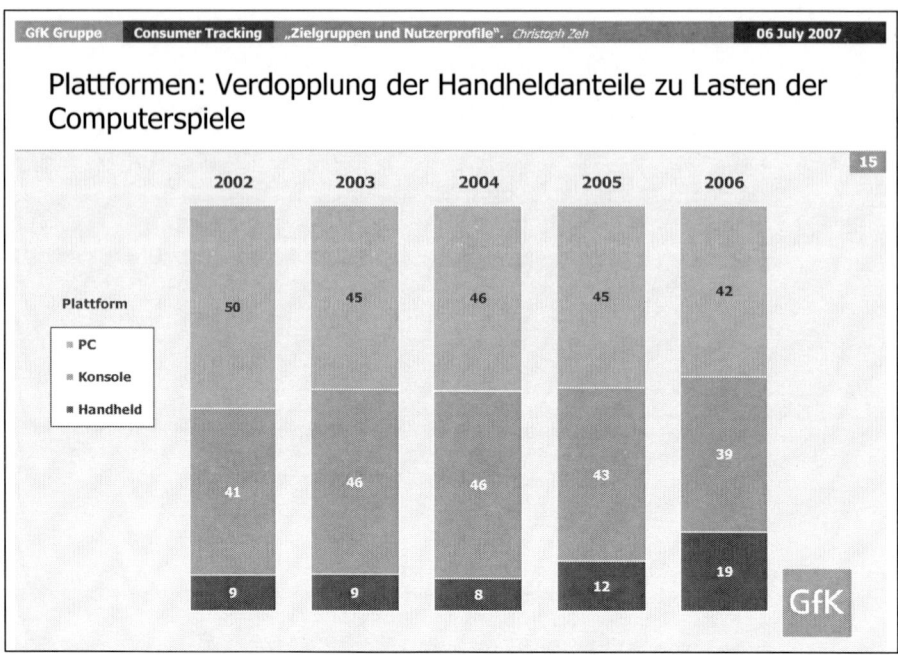

Bild 11

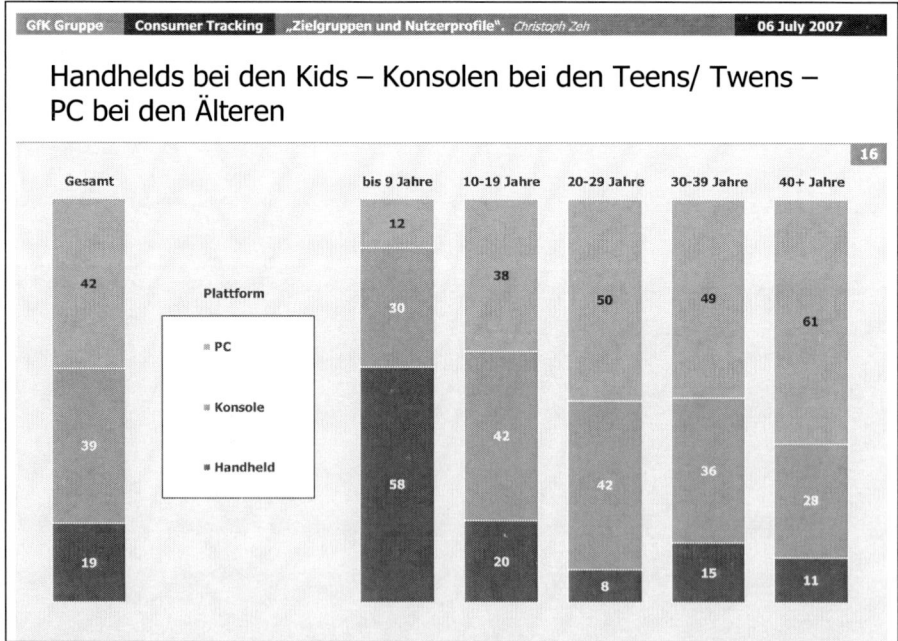

Bild 12

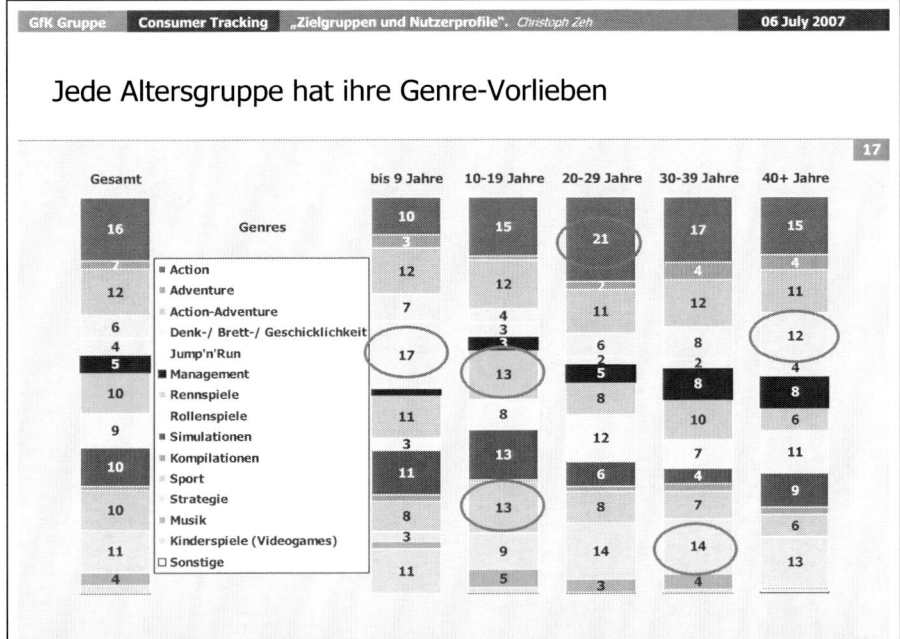

Bild 13

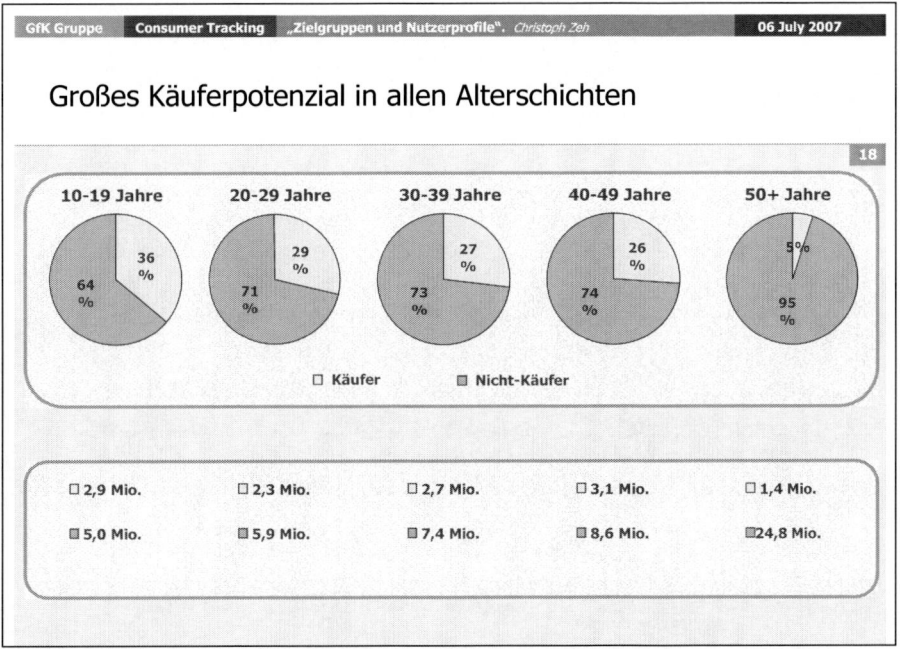

Bild 14

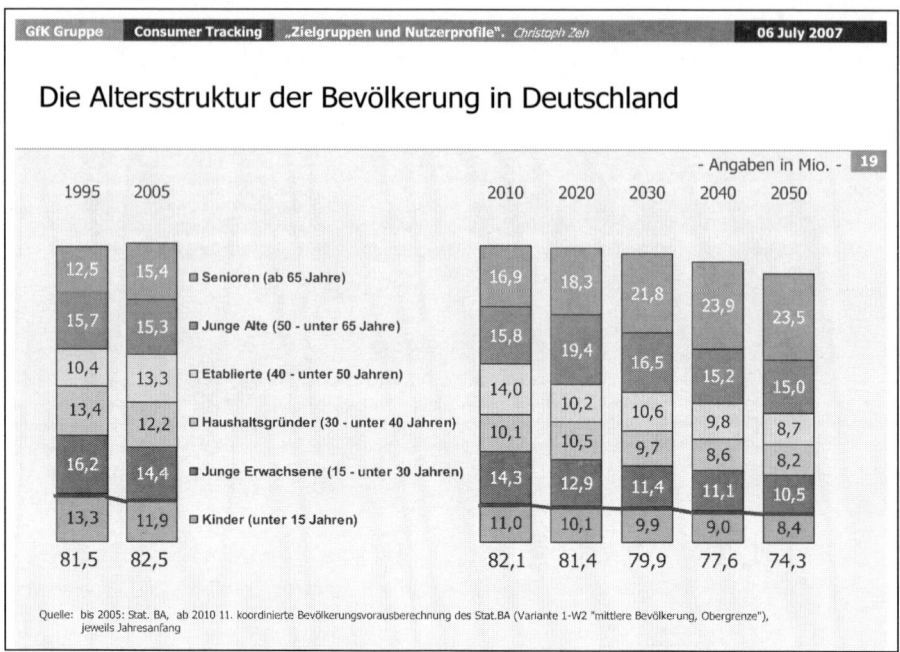

Bild 15

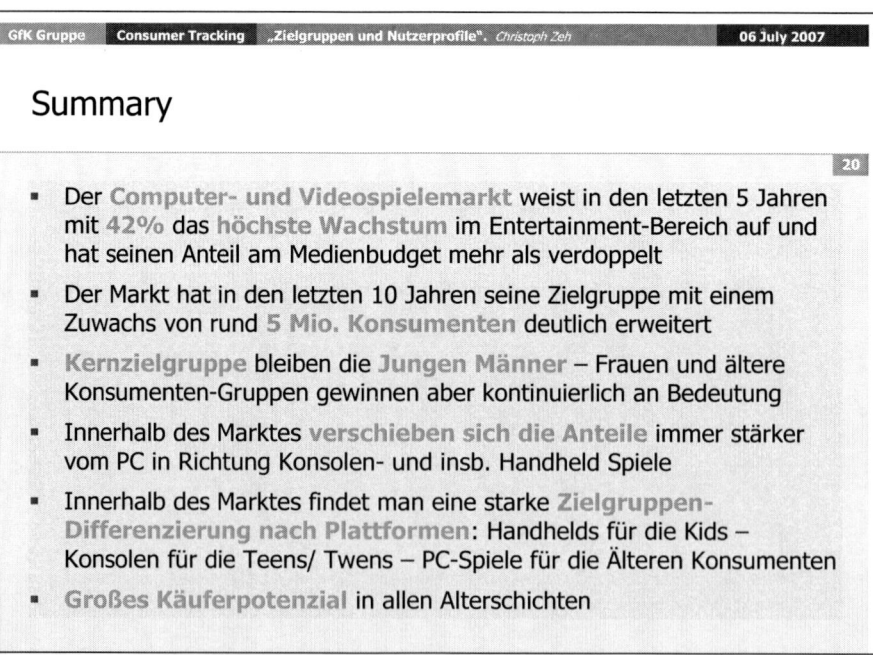

Bild 16

11 Infrastrukturbasierte Geschäftsmodelle für Online-Spiele

Behrend Freese
Deutsche Telekom AG, Berlin

Der Vortrag der Deutschen Telekom Laboratories „Infrastrukturbasierte Geschäftsmodelle für Online-Spiele und Superdistribution" möchte die Klammer um das, was wir heute schon aus unterschiedlichen Perspektiven über den interessanten Spielemarkt gehört und gesehen haben bilden. Ich möchte mit Ihnen ein paar Ideen teilen, die wir für diesen Bereich haben. Es geht um die Symbiose dessen, was wir heute aus der Sicht der Produzenten von Spielen auf der einen und von Hardwareherstellern auf der anderen Seite gesehen haben. Wir sehen zusätzlich ein großes Potenzial in der Zukunft neuer und innovativer Möglichkeiten der Spieleverteilung und somit Raum für neue Businessmodelle.

WO2007041371

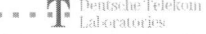 Deutsche Telekom Laboratories   0706 MK_Infrastrukturbasierte Geschäftsmodelle für Online-Spiele_v04.ppt   1

Bild 1

Dieses Patent ist Ihnen allen bekannt; es ist ein Patent, was vor kurzer Zeit in den Medien präsent war (Bild 1). Es geht um die die Analyse des Verhaltens von Spielern in Spielen und die Möglichkeit, auf Basis der gewonnenen Daten einem Spieler individualisiert Werbung einzublenden. Wenn Sie zwei Stunden spielen und plötzlich die Pizzawerbung Ihres Pizzadienstes von nebenan sehen, dann haben Sie es mit diesem Anbieter zu tun, nämlich mit Google. Google erweitert gerade sein Kerngeschäft und versucht, Erkenntnisse über das Spielverhalten durch individualisierte Werbung zu nutzen und auf den Spieler zugeschnittene Werbung einzublenden. Die Analyse des Spielers soll soweit gehen, dass Google das psychologische Profil des Spielers mit der Zeit abbilden kann.

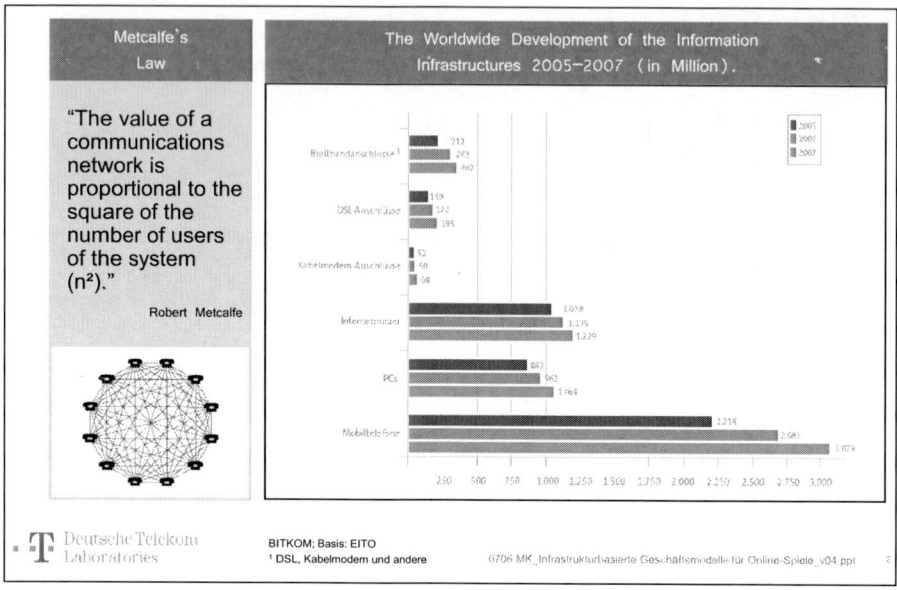

Bild 2

Was heißt das für uns? Das von Google avisierte Vorgehen ist sicherlich eine Form für die Adressierung neuer Geschäftsmodelle. Dies sehen wir letztendlich als Infrastrukturanbieter noch aus einer anderen Perspektive, aber glauben, dass viel Potenzial genau in diesem Thema steckt, wie sich ein Nutzer verhält und über welche Quellen er letztendlich digitale Inhalte bezieht.

Wenn wir das klassische Geschäftsfeld des Telekommunikationsanbieters betrachten, i.e. einen Netzzugang und dies nicht nur aus der Perspektive von Metcalfe's Law, das besagt, dass der Wert des Netzes im Quadrat proportional zu der Anzahl der Nutzer ist, sehen wir schon, dass mit der Anzahl der Nutzer, die heutzutage einen Internetzugang sowohl über einen DSL Anschluss oder über ein Mobiltelefon haben, eine riesige Anzahl von Netzzugängen geschaffen wird (Bild 2). Es werden in diesem Jahr vermutlich eine Milliarde Mobiltelefone verkauft werden, was z.B. für Unternehmen wie Electronic Arts, die Spiele für Mobiltelefone herstellen, einen riesigen Zukunftsmarkt darstellt. Und wenn man davon spricht, dass dieser Spielemarkt in wenigen Jahren wahrscheinlich um die 17 Milliarden groß ist, ist das etwas, was wir wiederum als ein großes soziales Netzwerk sehen, ein Netz, das durch die Telekommunikationsanbieter aufgespannt wird. All diese Nutzer und all die, die letztendlich ein Mobiltelefon, einen DSL Anschluss und damit einen PC oder eine Konsole besitzen, sind miteinander vernetzbar, sind über das Internet-protokoll adressierbar und nichts anderes als ein soziales Netzwerk.

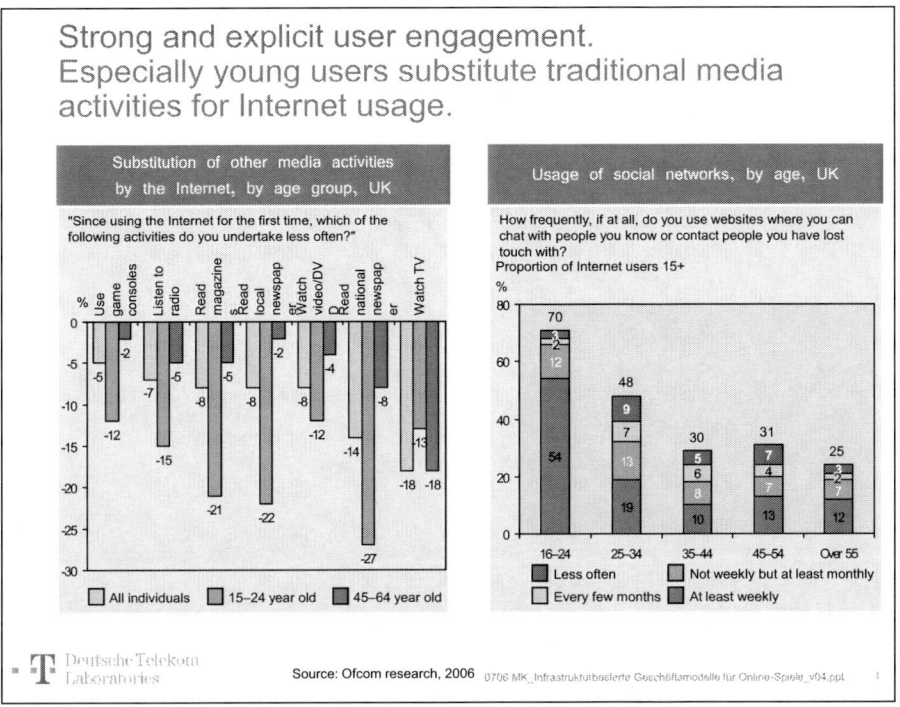

Bild 3

Was heißt das? Wenn man das mit den klassischen Medien vergleicht, sehen wir ganz deutlich, dass die Nutzung anderer Beschäftigungsformen, Medienformen, darunter leidet (Bild 3). Wir sehen, dass immer mehr Medien zugunsten der Inter-netnutzung substituiert werden. Das ist ein ganz wichtiges Thema, das immer mehr Inhalte „on demand" oder direkt adressiert aus dem Internet beschafft werden. Das ist die eine Wahl. Wir haben heute einen Vortrag von ProSiebenSat.1 gehört und Sie sehen, dass man weniger Fernsehen schaut und sich mehr dem Internet zuwendet und dieses nutzt. Gleichzeitig aber, und das ist der interessante Aspekt daran, ver-bringt man immer mehr Zeit in den so genannten Social Networks, d.h. man sucht z.B. Freunde im Internet, sucht bekannte oder unbekannte Kontakte mit ähnlichen Interessen, etc.. Das Wissen um die Gemeinsamkeiten innerhalb dieser sozialen Netzwerke wird immer wichtiger. Das ist ein Thema, das wir mit Superdistribution adressieren wollen.

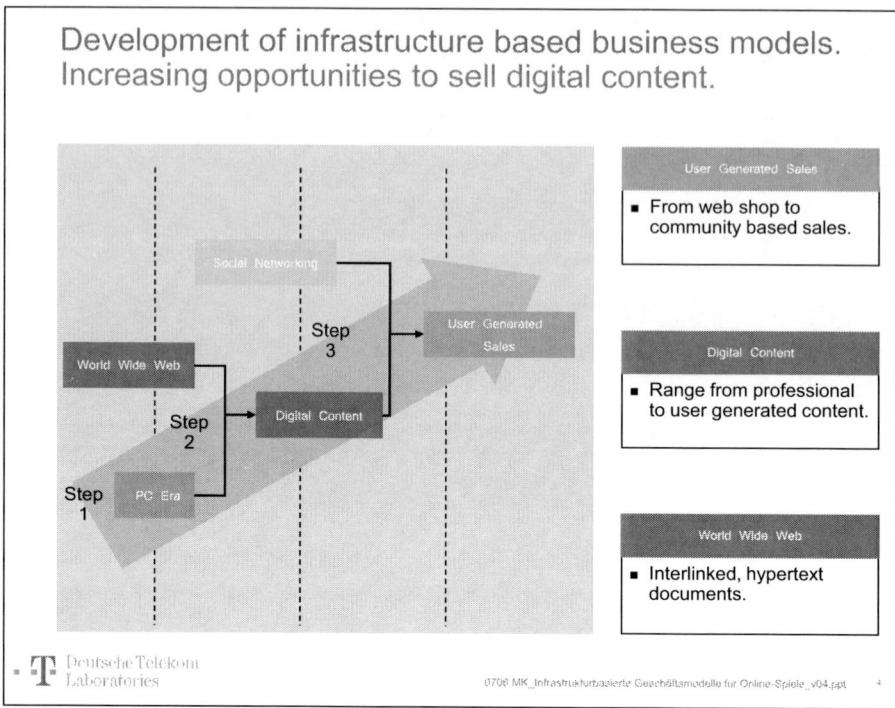

Bild 4

Schaut man ganz klassisch auf die Entwicklung infrastruktubasierter Geschäftsmodelle, wird deutlich, dass diese ihren Anfang in der PC Ära hatten (Bild 4). Das
World Wide Web und Digitaler Content sind hinzugekommen. Digitale Spiele
haben dazu beigetragen, dass das World Wide Web diese Akzeptanz erreichen
konnte. Schließlich sehen wir, dass die sozialen Netzwerke immer bedeutender
werden. Darüber hinaus sehen wir, dass User Generated Sales, also der nutzergene-
rierte Verkauf von digitalen Inhalten, eine ganz besondere Bedeutung gewinnen
wird, da der „klassische" Einkaufsprozess nach dem Muster " ich habe eine Werbung gesehen, ich habe es im Radio gehört, muss es mir merken, gehe ins Geschäft
und kaufe mir das Produkt, oder es ist noch nicht da, ich muss es bestellen, ich muss
darauf warten bis ich es nutzen kann" zunehmend schwindet. Diese Form des Ein-
kaufens wird sich verändern. Es wird letztlich darum gehen, dass bestimmte Personen, die mich gut kennen und wiederum im Besitz eines bestimmten digitalen
Contents sind, diesen Content legal an mich weiter geben können. Das kann beispielsweise ein digitales Spiel sein.

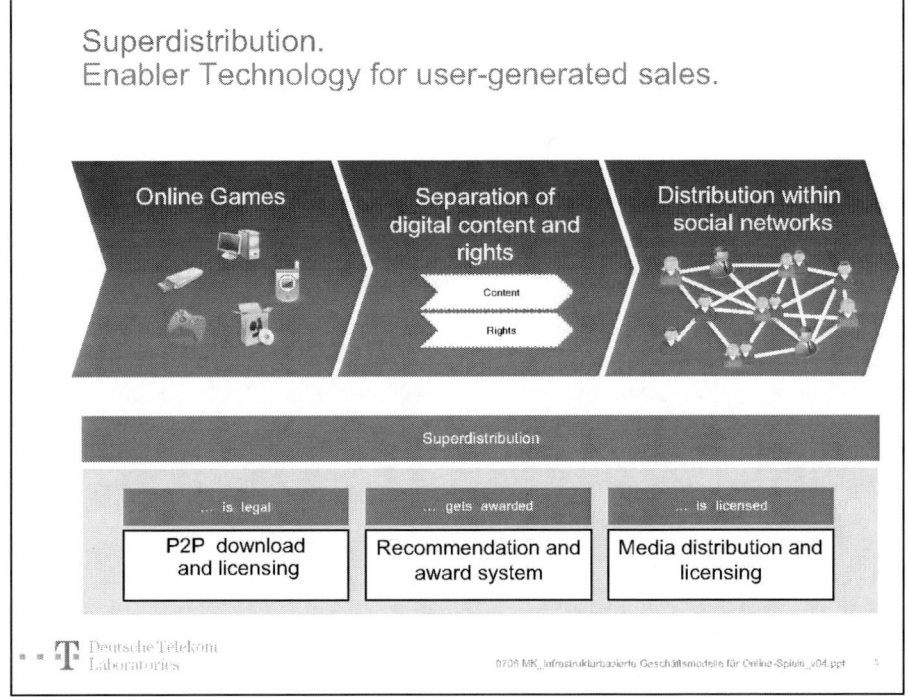

Bild 5

Was bedeutet dies für die Deutsche Telekom, als Infrastrukturanbieter? Wir haben es gerade in den ersten Folien gesehen. Wir sind ein riesiges soziales Netzwerk, das sehr viele Zugänge zu individuellen Personen hat. Wir wissen sehr genau, um was für Personen es sich handelt, weil diese Personen bei uns Kunden sind. Wir sehen, dass diese sozialen Netzwerke und Communities immer wichtiger werden und damit eine neue Form und Möglichkeit nutzergenerierter Verkäufe angeregt werden kann.

Das ist nur die eine Seite. Wir sind in der Lage zu analysieren, was durch unsere Infrastruktur läuft, wer welchen Content erhält, wer sich für welchen Content interessiert. Wie häufig nutzt jemand bestimmten Content, wenn es zum Beispiel um ein online Spiel geht. Wie häufig wird dieser Content aufgerufen und mit welchen anderen Personen wird dieser gemeinsam genutzt? Das sind die Informationen, die den großen Mehrwert darstellen, sicherlich vergleichbar mit dem Ansatz, den wir von Google gesehen haben.

Wir fassen dies unter dem Begriff ‚Superdistribution' zusammen, den Sie sicherlich auch in anderen Zusammenhängen bereits gehört haben (Bild 5). Es geht genau darum, dass Content legal in einem sozialen Netzwerk verteilt werden kann. Hier ist es möglich dass der digitale Content, in diesem Fall ein digitales Spiel, von seinem Recht der Nutzung getrennt wird und es jedem Nutzer freisteht, die digitale Kopie an Freunde und Bekannte weiter zu geben. In dem Augenblick, in dem jemand die Kopie nutzen will, muß die Person das Nutzungsrecht dafür erwerben. Man beginnt, wie bereits erwähnt, sich über innovative Geschäftsmodelle Gedanken zu machen. Es muß nicht immer Micropayment sein. Es muss nicht einmal so sein, dass der Content bezahlt wird. Das Geschäftsmodell von einer unbefristet gültigen Lizenz muß nicht immer angewandt werden. Es können sehr einfache Geschäftsmodelle sein wie z.B. „Pay per Use", oder Nutzung nur für fünf Minuten, oder nur dann, wenn ich mindestens fünf andere Mitspieler habe und dafür bezahle oder gerade nicht bezahle, weil am Schluss eine Werbung eingespielt wird. Viele Möglichkeiten tun sich da auf, wenn man versteht, wie Content weiter gegeben wird.

Zusätzlich kann die Superdistribution so gestaltet werden, dass die Content-Verteilung durch ein Anreizsystem incentiviert wird.

Damit sind wir natürlich an dem Punkt, dass wir verstehen wollen, wie Content eigentlich durch ein Netzwerk weiter gegeben wird. Es gibt normalerweise Meinungsmacher, wie in physischen Netzwerken auch. Personen, die sehr viel Content weitergeben, Content sehr viel beurteilen und bewerten, könnte man incentivieren und anbieten, beispielsweise ein neues Online-Spiel an den Freundeskreis dieser Person zu verteilen. Wenn nur 10% dieser Freunde das Spiel erwerben, wurden dennoch mehr Verkäufe als über den klassischen Vertrieb generiert.

Und hier stellt sich sofort die „Vertrauensfrage": Wenn mir eine vertrauenswürdige Person etwas weiterreicht, ist die Wahrscheinlichkeit wesentlich höher, dass ich auch den Content erwerben werde.

Der Ansatz der Superdistribution, um natürlich die Contentinhaber, in diesem Falle die Spielebetreiber wie Electronic Arts zu beruhigen, ist lizenzbasiert. Es geht nicht um illegalen Tauschhandel sonder um die legale Distribution digitalen Contents.

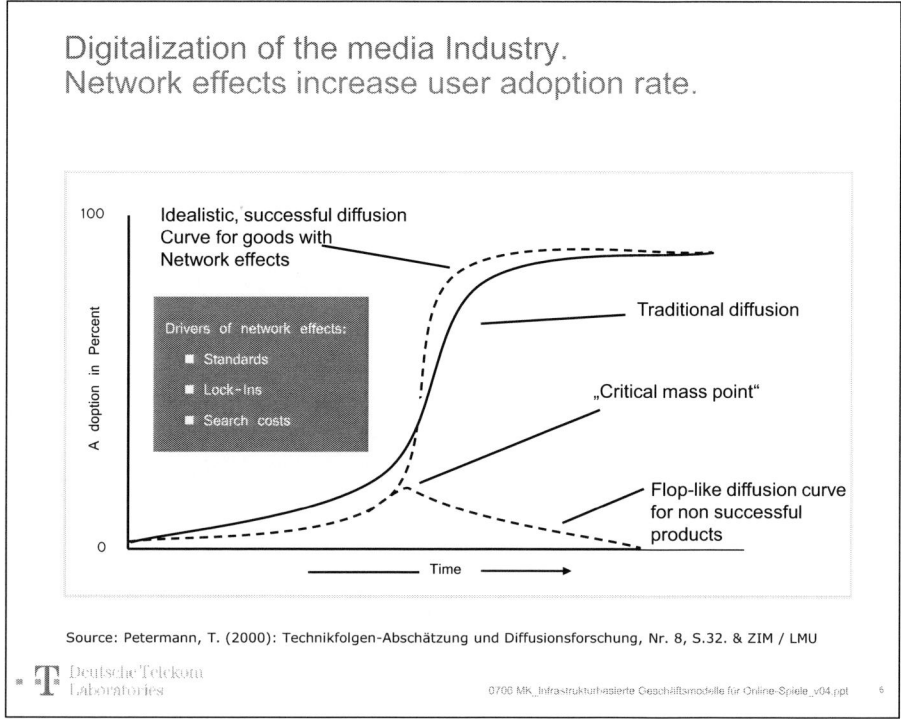

Bild 6

Wie beeinflussen Netzwerkeffekte die Superdistribution von digitalem Content? Wir betrachten mit digitalen Spielen Güter mit Netzwerkeffekten, in denen die Verteilung und die Adaptionsrate sehr hoch ist und wesentlich schneller verläuft (Bild 6). Damit sind wir wieder beim Thema: Digitaler Content lässt sich viel schneller und viel gezielter verteilen als über klassische Distributionswege. Wir bekommen ein besseres Verständnis davon, wann letztendlich etwas nicht ankommt und haben die Möglichkeit, schneller zu reagieren. Bei der Entwicklung von Spielen beispielsweise handelt es sich um große Investments in die Millionenbeträge investiert werden. Es mag hier beispielsweise sinnvoll sein, zu überlegen, zunächst mit einem Flashspiel zu beginnen, was auf einem Mobiltelefon läuft, es in sozialen Netzwerken verteilen zu lassen , um herauszufinden, welche Altersgruppe sich dafür interessiert, ob es da demografische, geografische Unterschiede gibt, ob das Spiel von der Story her überhaupt ankommt, um es danach unter Umständen erst als Konsolen oder PC Spiel zu entwickeln. Auch dieses Vorgehen ist ein mögliches Szenario, weil wir durch die Adaption schneller verstehen, ob es sich bei dem Spiel um einen Flopp handelt und sich die Investition ggf. nicht lohnt.

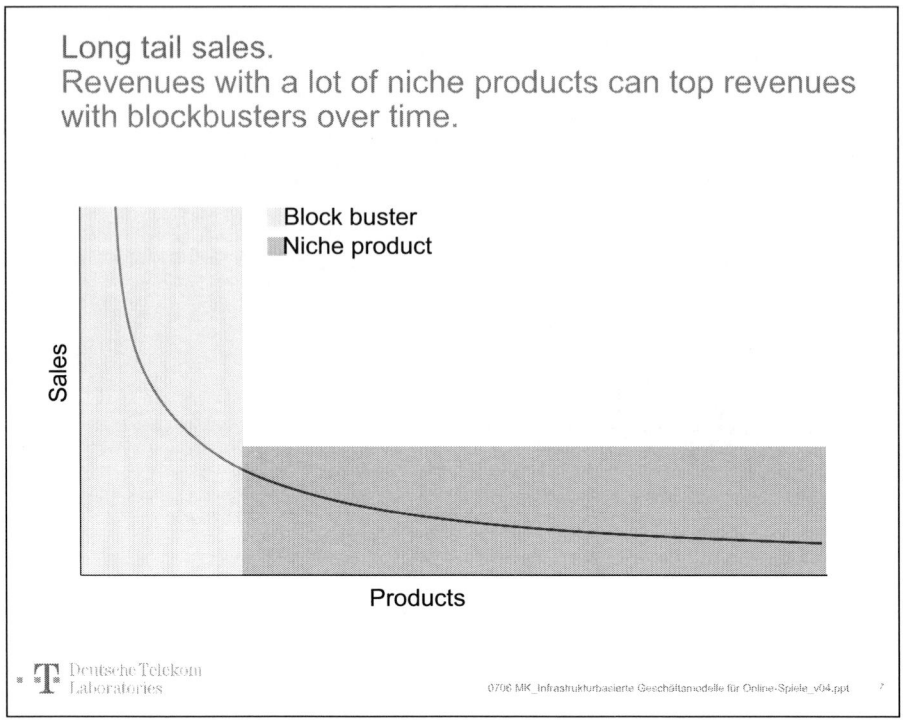

Bild 7

Diese Kurve haben Sie in anderen Zusammenhängen bereits häufig gesehen resp, davon gehört (Bild 7). Es geht natürlich auch im Thema Superdistribution um den so genannten „Long Tail Sales Ansatz".

Welche Spieler finden welche Spiele eigentlich interessant, welche Spiele können heute noch über den klassischen Verkaufskanal erworben werden oder werden vorrätig gehalten. Wo soll man Spiele kaufen? Ist es nicht viel einfacher, wenn Spiele in Peer-to-Peer-Netzwerken gefunden und heruntergeladen werden können oder durch den Freundeskreis verteilt werden können? Plötzlich bekommt diese Art des Long Tails wieder eine ganz andere Bedeutung und die Möglichkeit, beispielsweise digitale Spiele permanent weiter zu verkaufen und anzubieten.

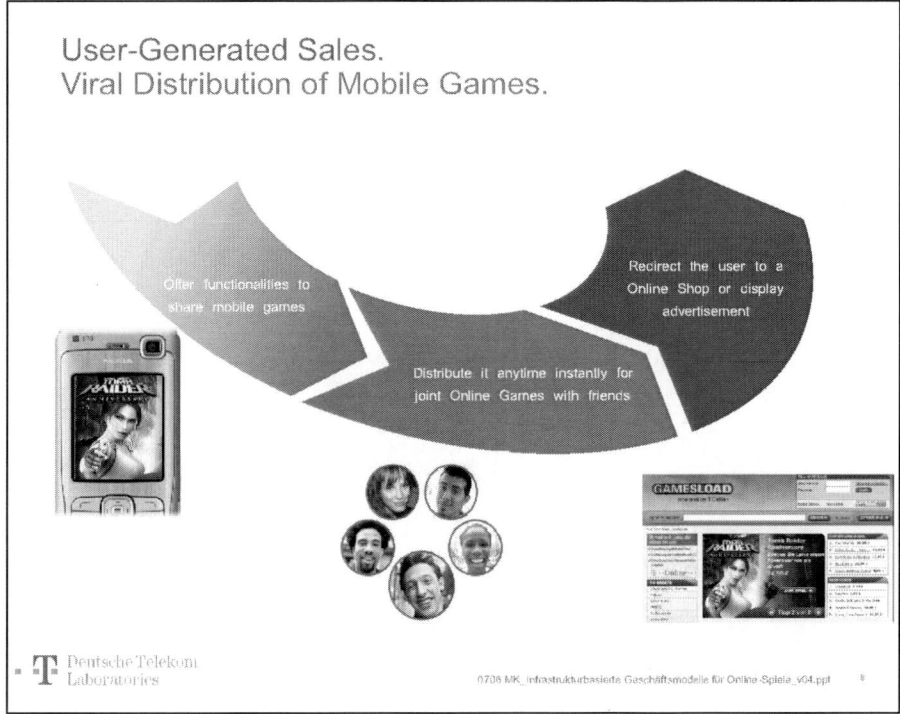

Bild 8

Damit sind wir bei einem Beispiel, das wir als Deutsche Telekom, in diesem Fall als T-Mobile, für ein sehr interessantes Geschäftsfeld halten (Bild 8). Wir haben bereits darüber gesprochen, dass die Käufer der Milliarde Telefone, die in diesem Jahr verkauft werden, alle potentielle Spielekunden sind. Hier geht es letztendlich darum, diese ad hoc Distribution von digitalen Speilen zu incentivieren und zu enablen, indem wir die notwendigen Funktionalitäten zur Verfügung stellen.

Nehmen wir das Szenario Schulhof: Ein Schüler hat ein Spiel auf seinem Handy, kann es über eine Bluetooth Schnittstelle oder über ein MMS an seine Mitschüler verteilen und sie können sofort untereinander ein Online Game starten. In diesem Szenario ist das Spiel weiter gegeben worden und konnte sofort gespielt werden. Das Spiel wird über die Mobilfunkrechnung bezahlt, indem der Nutzer auf die Webseite verlinkt wird, auf der das Spiel angeboten wird und nach kurzer Registrierung freigeschaltet wird. Man kann sich natürlich auch vorstellen, dass es einmal kostenlos gespielt werden kann und erst anschließend bei weiterer Nutzung erworben werden muss.

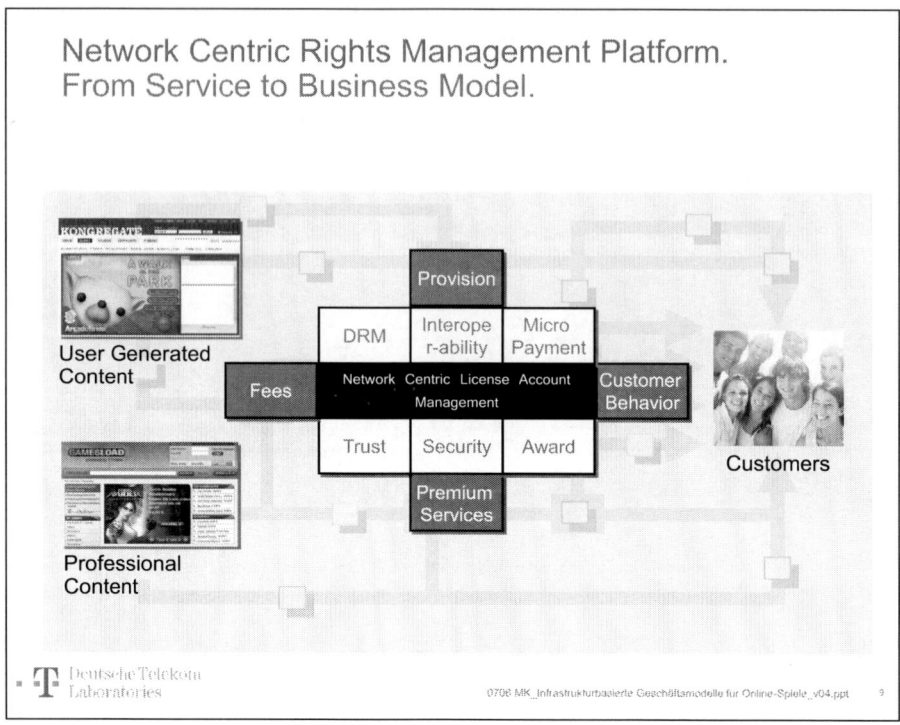

Bild 9

Was bedeutet dies für die Deutsche Telekom AG? Natürlich sprechen wir immer über Consumer, über commercial Content. Gleichzeitig sprechen wir aber auch über die Vielfältigkeit nutzergenerierten Contents, von dem wir glauben, dass er eine noch wesentlich größere Bedeutung in der Zukunft gewinnen wird als wir es bisher sehen (Bild 9).

Die gleichen Szenarien, die wir bereits beschrieben haben, sind auch an dieser Stelle von Interesse. Programmierer, die ein eigenes Spiel entwickelt haben, insbesondere wenn es nur ganz simpel ist und nur auf einem Mobiltelefon oder in einem Browser läuft, wird gewöhnlich kostenlos zur Verfügung stellt. Wenn man im Nachhinein feststellt, dass dieses Spiel sehr erfolgreich ist und bereits eine Million mal gespielt oder verteilt worden ist, warum sollte es dann nicht kostenpflichtig werden? Das Spiel könnte jetzt zum Beispiel 10 Cent kosten.

Dieses Szenario wäre mit dem Ansatz der Deutsche Telekom Laboratories durchführbar. Die Idee beinhaltet, ein netzzentrisches Lizenz-Account Management einzuführen. Mit einem innovativen Digital Rights Management System, wie beispielsweise von Microsoft angeboten, ist so ein System schnell realisierbar. Man hat die Möglichkeit, Micropayments und damit innovative Abrechnungs- und Businessmodelle einzuführen und die Möglichkeit, die zentrale Lizenzverteilung und die Lizenzen zentral zu speichern. Dieses Vorgehen ist aus der Sicht des Nutzers sehr interessant. Ein Nutzer, der im Besitz vieler Lizenzen ist, wird die Furcht vor Verlust des Contents und der Lizenzen beim Verlust oder der Zerstörung seines Rechners kennen. In den meisten Fällen muß ein heutiger Nutzer diesen Content noch einmal erwerben und natürlich noch einmal bezahlen. Was wäre, wenn die Lizenzen zentral gespeichert wären und ggf. verlorener Content aus irgendeiner Quelle wieder beschafft werden kann und sich ein Nutzer gegen den eigenen Account autorisiert und sofort die Lizenzen und das Recht zurückerhält, diesen Content wieder zu benutzen bzw. ihn weiter zu verkaufen? Auch das ist sicherlich ein Thema, mit dem Sie sich beschäftigen? Spieler, die „Half-Live" gespielt haben und die Registrierung über sich ergehen lassen mussten wissen, wie schwierig es ist, heutzutage ein Spiel weiter zu verkaufen. Ich vermute, dass das nicht im Sinne des Herstellers ist, aber letztlich geht es genau darum, den Prozeß für den Nutzer zu vereinfachen und sagen zu können: "Ich habe es gespielt, ich brauche es nicht mehr, warum kann ich es nicht bei eBay als ein reales Gut, ein Softwareprodukt, weiter verkaufen".

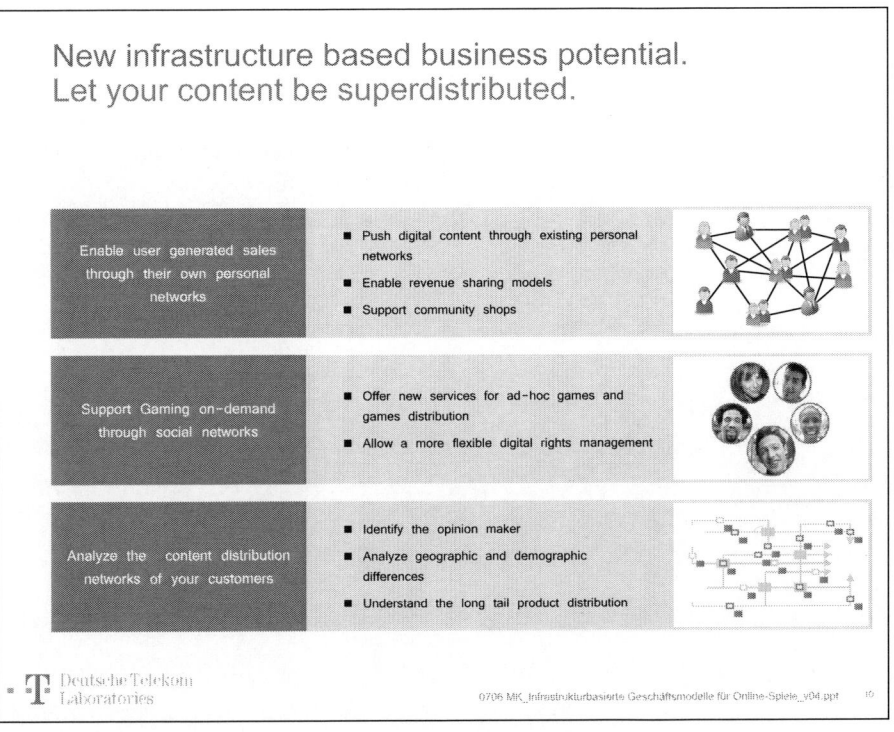

Bild 10

Nun zur Summary: Es sind drei Punkte, die ich erwähnt habe und von denen ich denke, dass sie sehr interessant für den Bereich Online Spiele in Bezug auf die digitale Content Distribution sind (Bild 10):

(1) Dem Nutzer ermöglichen, als Verkäufer digitalen Contents aufzutreten, darüber die Distribution von Content zu beschleunigen und somit soziale Netzwerke als Multiplier zur Verbreitung digitaler Güter zu nutzen. Die Incentivierung von Nutzern ermöglicht die Gestaltung interessanter neuer Business-Modelle, um den Verkauf digitaler Güter zu beschleunigen. Zielsetzung ist die Etablierung einer Form von Community Sales und Community Shops, die bestimmte Nutzergruppen gezielt ansprechen die vermutlich andernfalls den Content eines Anbieters nicht erworben hätten.

(2) Dem Nutzer die Möglichkeit bieten, ad hoc Spiele in sozialen Netzwerken zu ermöglichen. Somit dem Nutzer nicht erst sagen zu müssen: „Kauf dir erst einmal das Spiel und nächste Woche, wenn du es installiert hast, kannst du es mit Deinen Freunden spielen", sondern biete die Möglichkeit, das Spiel online zu beziehen und sofort im Freundeskreis spielen zu können. Ich stelle das Spiel meinen Freunden zu Verfügung und sie können die Lizenz von ihrem Lieblingsanbieter mit einem Click beziehen und haben die Möglichkeit, sofort an dem Spiel teilzunehmen.

(3) Das Nutzungsverhalten der Spieler innerhalb der Netzinfrastruktur besser zu verstehen. Dies ist für die Netzanbieter sehr interessant: Wie wird Content durch soziale Netzwerke verteilt? Wer sind die Meinungsmacher? Wie kann man diese Personen ansprechen und incentivieren? Welche Information erhalte ich darüber? Netzbetreiber können die geografischen und demografischen Unterschiede feststellen und damit auch die Möglichkeit nutzen, zielgerichtet Long-Tail-Produkte gezielt weiter verkaufen zu lassen.

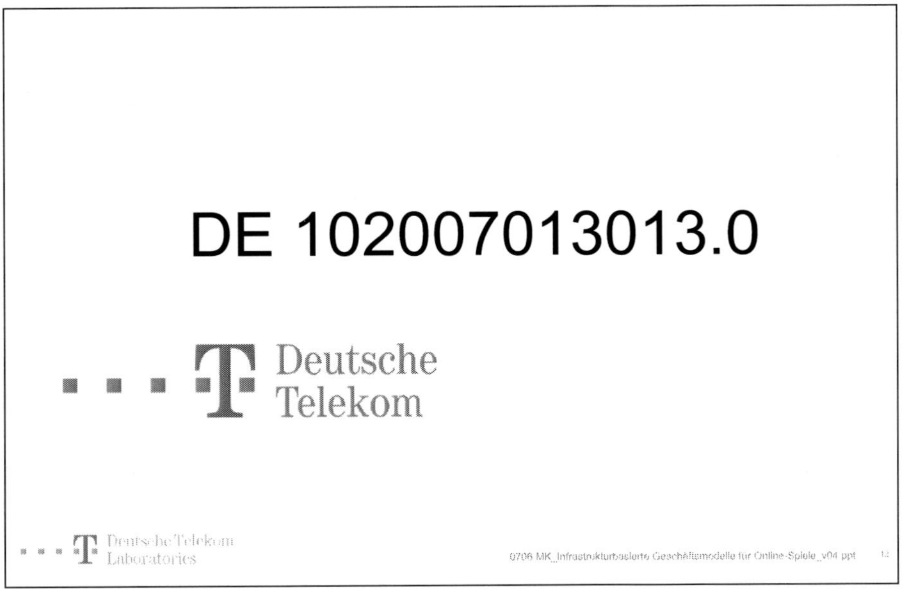
DE 102007013013.0
Deutsche Telekom
Deutsche Telekom Laboratories

Bild 11

Damit möchte ich meinen Vortrag abschließen: Natürlich haben auch wir die vorgestellten Funktionen der Superdistribution als Patent angemeldet (Bild 11).

12 Podiumsdiskussion

Nutzen wir unser Potenzial? Notwendiger Handlungsbedarf und Strategien für die Zukunft

Moderation:
Martin Fabel
A.T. Kearney GmbH, Berlin

Teilnehmer:
Frank Holz, 10Tacle Studios AG, Darmstadt
Klaus P. Jantke, Technische Universität Ilmenau
Sven Liebich, EA Phenomic, Ingelheim
Dirk Primbs, Microsoft Deutschland GmbH, Unterschleißheim
Olaf Wolters, Bundesverband Interaktive Unterhaltungssoftware e.V., Berlin
Christoph Zeh, GfK Panel Services Deutschland GmbH, Nürnberg

Dr. Fabel:
Wir kommen zum letzten Teil unserer Veranstaltung. Mein Name ist Martin Fabel. Ich bin bei A.T. Kearney zuständig für den Bereich Media & Entertainment. Die anderen Kollegen auf dem Podium kennen Sie bereits, und Sie können jetzt Ihre Fragen an sie richten. Ansonsten würden wir uns hier auf dem Panel darüber unterhalten wollen, wie wir das Ganze „verdauen", was wir heute so reichlich gehört und präsentiert bekommen haben und versuchen, das ein bisschen bewerten zu wollen aus der Perspektive des ,Standorts Deutschland im Gaming', die Frage aufwerfend, ob wir überhaupt ein Standortthema haben, was wir an Weichenstellungen vornehmen können und müssen, um auch Deutschland im Gaming voranzubringen. Gibt es Forderungen, die wir formulieren können? Gibt es Dinge, die wir unter den Marktteilnehmern vielleicht in Bewegung setzen sollten? Mit Marktteilnehmern schließe ich bewusst, und das ist heute ganz gut geschehen, Forschung und Lehre mit ein. Insofern – je breiter wir das ansetzen, desto besser. Die Punkte, die wir diskutieren sollten, um das zu reflektieren, was wir heute an Einzelbeiträgen hatten, sind: Wo steht Deutschland, wo steht der Markt? Gaming in Deutschland, wir haben einige Marktdaten gehört, aber mich würden dazu durchaus auch noch einmal die Aussagen der einzelnen Teilnehmer interessieren. Die Frage: gibt es die richtigen Rahmenbedingungen? Die juristische Seite haben wir heute noch sehr wenig diskutiert. Ich könnte mir vorstellen, dass da die eine oder andere Frage aus

dem Publikum von Ihnen existiert und daraus sicherlich abgeleitet dann die Frage nach Forderungen, was wir tun müssen, um das Ganze weiter nach vorn zu bringen. Das wäre der Bogen, den wir spannen wollen.

Ich würde meinerseits nun gern mit einer Frage an Sie anfangen. Wir hatten heute Morgen das Stichwort ‚Digital Native versus Digital Imigrant‘, und ich würde Sie gern fragen: Wer von Ihnen ist ‚Gaming native‘ und wer ist ‚Gaming imigrant‘? Oder, soziologisch gesprochen: Wer ist teilnehmender Beobachter und wer ist selbst Teil der Szene? Ich würde ‚Gaming native‘ gleichsetzen, man möge mir verzeihen, mit dem Commodore C64 und dem Atari, um einfach einen Zeit- und Datenpunkt zu setzen. Darf ich fragen, wer mit Commodore und Atari aufgewachsen ist in diesem Kreis? *(Es melden sich sehr viele Teilnehmer.)* Donnerwetter! Ich glaube, wir können uns hier als Community betrachten, und das ist in der Tat eine Diskussion in der Szene. Das hätte ich so nicht erwartet.

Ich würde gern mit einer etwas provokanten Frage an die Teilnehmer anfangen, aber danach gilt: "The floor is yours". Schießen Sie uns Ihre Fragen zu. Wir versuchen alle aufzunehmen. Meine Frage ist im Hinblick auf unsere Diskussionen über Gaming heute: Nehmen wir das ganze Thema eigentlich nicht viel zu ernst? Ist Gaming nicht entweder Teufelszeug oder ein riesiger Hype? Und hält dieser vermeintliche Hype nicht schon seit zehn Jahren an? Wir haben diese eine Milliarde Euro Umsatz in Deutschland heute mehrfach gehört. Wenn wir den noch ein bisschen weiter spannen und über den Medienmarkt reden, dann ist der in Deutschland grosso modo 60 Milliarden Euro groß. Also, wir reden hier über 1/60, wenn man es so betrachten möchte. An die Teilnehmer: Sind wir hier einem ganz kleinen Phänomen auf der Spur? Ist es tatsächlich über die letzten Jahre größer geworden oder diskutieren wir den gleichen Hype über die letzten zehn Jahre? Da würde ich die Frage in der Tat einfach freigeben wollen, wer immer sich dazu berufen fühlt. Herr Jantke bitte als erster.

Prof. Jantke:

Aus Sicht der Wissenschaft können wir glücklich sein, dass es Spiele gibt und ich mache es einmal ganz eng auf das Gebiet der künstlichen Intelligenz beschränkt. Seit ziemlich genau 50 Jahren gibt es den Begriff KI, und Forscher der KI strengen sich seit dieser Zeit verteufelt an KI zu etablieren. Theorem beweisen, Robotik – kennen wir höchsten vom Robo-Cup –, Sprachverarbeitung, Bildverstehen und was nicht alles. Die letzten 40, 50 Jahre haben nicht so wahnsinnige Erfolge gebracht, dass man denken würde, alle Leute sagen KI, tolle Disziplin. Nun gucken Sie in die Welt der Spiele, und da ist KI in aller Munde. Da zweifelt doch kein Mensch mehr daran, dass es KI gibt. Und wenn wir hier diskutieren, sagen alle Leute: tolle Forschungsfragen, da müssten wir noch viel adaptiver sein, viel mehr Personalisierung, noch viel intelligentere Wegfindung. Auf ein ganz enges Gebiet der Wissenschaft bezogen, auf die künstliche Intelligenz, ist das Thema Spiele ein ernstes Thema. Aber es ist eine Gottesgabe, dass wir die Spiele haben. Da kann sich die Wissenschaft entfalten! Danke schön allen, die sich mit Spielen beschäftigen.

Herr Primbs:
Da möchte ich auch in dieselbe Bresche schlagen. Wir beschäftigen uns nicht zehn Jahre immer wieder mit denselben Phänomenen; eigentlich hat die Spielebranche in manchen Bereichen gegenüber der klassischen IT fast zehn Jahre Vorsprung. Zu KI würde ich so Dinge wie Agentensysteme noch dazu zählen. Oder ein anderes Thema, das der sogenannten User Experience, das die IT Branche momentan zunehmend beschäftigt, oder Usability, der Bedienbarkeit. Vorhin war jemand bei mir und hat gesagt, er sei ein großer Flugsimulatorfan. Der Flugsimulator ist ein Produkt von höchst komplexer Funktionalität. Viele Funktionen darin sind wirklich sehr anspruchsvoll. Deren Beherrschbarkeit ist eine große Herausforderung und trotzdem bekommen es Spielentwickler hin, Produkte zu schaffen, die komplex sind, aber auf Anhieb verständlich, auf Anhieb bedienbar und dabei auch noch Spaß machen, so dass Benutzer freiwillig ihre Freizeit damit verbringen. Stellen Sie sich einmal vor, Sie könnten denselben Effekt, den Sie haben, wenn ein hoch bezahlter Manager in seiner Freizeit vor seiner Playstation sitzt, auf Excel und SAP übertragen. Dann hätten Sie wirklich auch einen Produktivitätsgewinn in Punkto Bedienbarkeit und Erlernbarkeit. In der Tat müssen wir da anerkennen, dass zum Teil Forschungsarbeit durch die Spieleentwicklerbranche geleistet wurde, die man lange Zeit gar nicht so richtig beachtete.

Dr. Fabel:
Geben Sie uns auch noch Blicke der letzten zehn Jahre aus Ihrer Sicht?

Herr Wolters:
Ja, natürlich gerne. Was wir auch heute präsentiert haben, waren ja die Wachstumszahlen. Die Industrie wächst zweistellig. Wir sind innerhalb der Medienwirtschaft das am stärksten wachsende Segment und mittlerweile nicht mehr nur im einstelligen Millionenbereich, sondern im Milliardenbereich. Wenn man zu den reinen Softwareumsätzen, die Sie genannt haben – die eine Milliarde Euro ist ja das, was wir nur mit Software umsetzen –, mal die Hardware und alles, was spielebasierte Hardwareverkäufe angeht hinzuzieht, dann kommt man wahrscheinlich zu bedeutend höheren Umsatzzahlen. Wenn man dann auch noch den Bogen zu den spielemotivierten breitbandigen Onlinezugänge spannt, ist die wirschaftliche Bedeutung der Spieleindustrie wahrscheinlich deutlich höher als diese 1/60 des gesamten Medienmarktes. Das wäre auch meiner Sicht erst einmal ein Aspekt.

Herr Zeh:
Geht es darum, ob Games vielleicht auch eine Modeerscheinung sind oder wie es sich in den letzten zehn Jahren verändert hat? Ich hatte vorhin versucht, in einem Chart einmal darzustellen, was Games in den verschiedenen Zielgruppen jetzt und vor zwölf Jahren für eine Rolle gespielt haben. Wenn man sich das Medienbudget vor zehn Jahren anschaut, gab es damals Märkte, die es anscheinend jetzt nicht mehr gibt, der Musikmarkt zum Beispiel. Was nicht heißt, dass Musik nicht mehr gehört wird oder dass Musik nicht mehr attraktiv ist, es wird nur momentan anders genutzt,

insbesondere nicht kostenpflichtig, sprich: kostenlos, zumeist auch illegal. Da setzt sich jetzt der Gamesbereich rein. Das Budget der Konsumenten ist gleich hoch. Es ist eine Umverteilung. Ich denke nicht, dass es eine Modeerscheinung oder ein Hype ist, der momentan da ist, sondern in den letzten Jahren substanziell gewachsen ist. Man sieht das an diesen zwar kleinen Wachstumsraten in den vergangenen Jahren. Bei einer anderen Branche, kann man eher sagen, dass vielleicht Hypes im Markt sind, beispielsweise wie Mobile Content, also, alles was kostenpflichtig auf das Handy geladen wird. Wir denken vielleicht mal zwei Jahre zurück an MTV, falls es der eine oder andere noch ab und zu ansieht. Damals konnte man es nicht mehr sehen, es war ein einziger Klingeltonsender. Man ist wirklich 24 Stunden lang nur noch mit Klingeltönen beschossen worden, belagert worden. Und das ist plötzlich alles weg. Es gibt keinen Markt mehr für monophone und polyphone Klingeltöne. So etwas ist eine Modeerscheinung. Das kommt mal hoch und die Zukunft wird es zeigen, ob es andere Anwendungen für das Handy gibt. Im Gamesbereich glauben wir nicht, dass es eine Modeerscheinung ist. Wir glauben eher, dass sich der Markt weiter gesellschaftlich öffnen wird und es zu einer Selbstverständlichkeit wird wie in England, Asien und Amerika, dass man spielt, dass das nichts Außergewöhnliches ist.

Herr Holz:
Das Interessante ist, als ich vor genau zehn Jahren in diese Industrie reingekommen bin war es damals wesentlich einfacher, Spiele zu vermarkten, und es gab auch wesentlich weniger Spiele. Was hat sich also in dieser Zeit getan? Nicht nur, dass die Spiele von der Qualität her deutlich besser geworden sind, die Entwicklungsbudgets sind überproportional gestiegen. Gleichzeitig natürlich auch mit steigenden Installed Basis von den Plattformen, natürlich auch die Verkaufspotenziale, d.h. wenn Sie heute einen wirklichen Hit landen, dann kann der zur jetzigen Zeit wesentlich mehr verkaufen als vor zehn Jahren. Die Floprate ist aber gleichzeitig auch gestiegen. Das muss man auch sehen. Der Markt ist professioneller geworden, in gewisser Weise auch ein bisschen komplizierter dadurch, weil jetzt ganz knallharte Vermarktungsmechanismen hier greifen. Ich denke, so wird es weiter gehen. Das Thema Gaming ist ein super spannendes Thema. Wir kriegen es tagtäglich mit. Gerade wenn man als deutsches Unternehmen hier aktiv ist, merkt man es an den unheimlich vielen Zuschriften, Anrufen usw. Ich freue mich auf Ihre Fragen.

Dr. Fabel:
Wenn das nicht der Fall ist, dann machen wir hier noch weiter. Da ist die erste Frage.

Herr Böttle, Alcatel-Lucent:
Ich habe eine Frage, die in eine ganz andere Richtung geht und die heute bisher noch kaum angesprochen wurde. Eine Frage an die Spieleentwickler, im Hinblick auf Onlinespiele, die ja insgesamt starken Zuwachs erfahren sollen: Sind Sie glücklich mit den Eigenschaften der heutigen Netze? Können Sie Ihre Spiele weiter aus-

bauen auf der Basis der heutigen Netze und deren Eigenschaften? Sind die Netze gut genug oder könnte, wenn neue Anforderungen von der Spieleseite her kämen, es auch einen Push für die Netzentwicklung geben?

Dr. Fabel:
Herr Holz, wollen Sie antworten?

Herr Holz:
Da kann ich gerne antworten. Das ist natürlich immer so eine Frage. Wir haben ein Entwicklungsstudio, das rein nur auf Multiplayergames ausgerichtet ist. Natürlich hätten die, was Datentransferraten angeht, gern immer breitere Netzwerke, aber letztlich nehmen sie die aktuellen technischen Spezifikationen immer als gegeben an und die Herausforderung heißt einfach, den Code dazu optimieren. Das gleiche Problem hatten Sie immer mit den PCs. Wenn Sie dem Entwickler eine noch grö-ßere Maschine hinstellen, wird er es immer wieder schaffen, die auch an die Grenze der Leistungsfähigkeit zu bringen. Die Kunst besteht dann letztlich darin, mit einer gegebenen Spezifikation das Optimum rauszuholen, und komischerweise geht das dann auch.

Dr. Fabel:
Herr Liebich, dürfen wir Sie dazu auch noch zu Wort bitten?

Herr Liebich:
Das Problem der Datentransferrate wird immer unbedeutender. Wir gehen aller-dings auch einige Kompromisse ein, die wir nicht eingehen müssten. Ich nenne mal die Sicherheit als Beispiel, welche Daten werden an einen sicheren Zentralrechner und welche werden Peer to Peer übertragen? Wie machen wir das Spiel chat-sicher? Wie können wir dafür sorgen, dass der kleinste Rechner mit der schlechtesten Über-tragungsrate trotzdem das gleiche Spielgefühl hat wie der mit der besten Übertra-gungsrate? Wenn man da ansetzt, geht es natürlich erst mal um flächendeckende Versorgung, d.h. jeder Spieler sollte im Idealfall über eine Internetverbindung verfügen, die ausreichend ist, alle spielrelevanten Daten verlustfrei und ohne Verzögerung zu übertragen. Es ist natürlich auch ein globales Problem. Innerhalb eines Kontinents ist Massive-Multiplayer-Online-Gaming wie World of Warcraft (Blizzard) problemloser als ein Zusammenspiel mit Spielern aus aller Welt. Wenn man global denken und entwickeln will muss man Märkte zusammenführen und stößt neben technischen Problemen auch auf kulturelle Divergenzen.

NN:

Wir in Deutschland sind eigentlich sehr glücklich und zufrieden mit dem Netz, was uns zur Verfügung steht. Spannend wird es, wenn man versucht internationale Pro-duktionen zu machen, und wenn man halt dann Märkte zusammenführen will. Das ist etwas, wo wir einfach noch Geduld üben müssen und Geduld haben müssen. Im

Augenblick entwickeln wir da vielleicht nicht in dem Tempo und nicht in der
Geschwindigkeit, wie wir das hier in Deutschland bereits könnten.

Herr Wolters:
Aus Anbietersicht stellt es sich ein bisschen anders dar. Da geht es nicht schwerpunktmäßig um Security, was beispielsweise sehr wichtig ist für die Entwicklung
und dann auch für das sichere Spielen selbst. Ich glaube, dass man da schon auf
einem guten Weg ist. Wir hatten heute ja auch vereinzelt etwas zur digitalen Distribution gehört, und dass da einige Prognosen im Raum schwirren, dass man sagt, in
wenigen Jahren wird der Anteil der digitalen Distribution massiv zunehmen. Dies
wird maßgeblich davon abhängen, wie stark die Netze ausgebaut werden und wie
die Übertragungsraten dort ausgebildet sind. Mit den bestehenden DSL Verbin-
dungen beispielsweise werden Sie wirklich Probleme bekommen, wenn der High
Definition Standard die Norm ist, der mittlerweile auch sehr datenintensiv ist. Das
bedeutet, dass bei einen High-Definition-Spiel sehr gut auf 10, 20, 30 Gigabyte
Daten kommen, die sie per digitaler Distribution übertragen müssen. Das dauert bei
den momentanen Beitbandverbindungen dann doch deutlich länger als beispielsweise bei VDSL. Ich glaube, in Bezug auf digitale Distribution werden wir sicherlich noch auf VDSL warten müssen. Ähnlich ist es wahrscheinlich auch mit IP TV
in High Definition Qualität – vermute ich jetzt mal.

Dr. Fabel:
Weitere Fragen an der Stelle? Bitte!

Frau Weinert:
Wir hatten es heute immer viel vom Geld, das alles so teuer wird, die Grafik usw.
Wir haben von Herrn Holz einen Ansatz gehört, wie ein solch hoher Finanzbedarf
gedeckt werden kann. Mich würde noch einmal interessieren, ob Sie dieses Finanz-
management dann auch aus dem Studio heraus machen oder das irgendwie ander-
weitig lösen. Weil das schon ein sehr neuer Ansatz auch für ein Studio ist, das
irgendwie mitzumachen. Das wäre meine erste Frage und die zweite Frage wäre: Ist
der Standort Deutschland überhaupt so wichtig?

Herr Holz:
Zum ersten Thema mit den Finanzen. Ich glaube, es ist schwierig, das aus einem
Entwicklungsstudio heraus zu machen. Wir sehen das bei unseren eigenen Studios.
Das sind eher kreative und technologisch orientierte Mitarbeiter, die dort arbeiten.
Wir sind ja eine Aktiengesellschaft, d.h. wir haben sozusagen unsere Holding in
Darmstadt. In Darmstadt wird bei uns aber nicht entwickelt. In Darmstadt sitzt das
Thema Investorrelations, weil wir eine AG sind, da sitzt auch das Thema Marketing
und Vertrieb, da sitzt das Thema Producing. Wir haben dort Producer, die unsere
Studios monitoren. Da sitzen auch Finance und Controlling. Aus der AG heraus,
aus dem Headquarter machen wir das Thema Finanzen. Das ist ein sehr komplexes
Thema und beschäftigt auch sehr viele Juristen. Ich weiß nicht, ob ein Entwickler

sich in dieses Thema einarbeiten möchte. Die Entwickler, die ich bis jetzt kennen gelernt habe, möchten es nicht, und die sind auch bei uns in einer ganz komfortablen Position. Die fragen einfach nur, wann sie das neue Projekt bekommen und geben uns die Budgets rein. Und dann laufen wir los und versuchen, eine neue Task Force aufzusetzen. Das ist also die eine Sache.

Nun zum Standort Deutschland: Der Standort Deutschland ist wichtig. Es gibt Themen, die traditionell in Deutschland stark sind. Wir haben es vorhin gehört, das ist das ganze Thema Strategie Spiele. PC ist auch noch ein ganz wichtiges Thema. Wenn man Spiele entwickelt, kann man Spiele für den deutschen Markt entwickeln und der deutsche Markt ist auch groß genug bis zu einer gewissen Grenze, Entwicklungskosten definitiv zu regroupen. Einfach mit Spielen, die für den deutschen Markt gemacht werden. Dazu zählen solche Themen wie ‚Die Siedler' und ‚Anno' usw. Diese Spiele verkaufen sich auch im Ausland, aber doch schwerpunktmäßig sehr stark und viel einfacher in Deutschland, Österreich und der Schweiz. Damit ist der deutsche Markt definitiv auch wichtig.

Prof. Jantke:
Nur noch einen Aspekt zur Marktfrage. Wenn wir digitale Spiele nur als Computersysteme sehen, dann sind wir in Deutschland wahrscheinlich in der gleichen Situation, wie das die große Softwareindustrie auch ist. Wir bekommen die Entwicklungskapazität in Indien für 10 bis 15% der Kosten, die eine Entwicklerkapazität in Deutschland kostet. Da ist es für große Unternehmen vernünftig, die Entwicklung dort machen zu lassen. Den Tatsachen müssen wir ins Auge sehen. Wenn wir aber mit Spielen qualitativ mehr wollen, wenn wir zum Beispiel die kulturellen Erwartungen unserer Spieler hier in diesem Kulturkreis erfüllen wollen, wenn wir vielleicht sogar noch weiter gehen wollen und an Serious Games denken, wenn wir Positionen ausbauen wollen und im Bereich von Spielen entwickeln, mit denen man etwas lernen kann, die auf ganz besondere Art und Weise Freude machen und einen Wert haben, dann ist der Kulturkreis und die Sprache überhaupt nicht mehr egal, dann haben Sie es sehr schwer, davon auch nur eine Stunde in Indien machen zu lassen. Ich denke, darin liegt unsere Chance, in diesem Kulturkreis etwas Besonderes zu machen.

Dr. Fabel:
Ich würde gern die Frage anschließen: Brauchen wir eine Quote? Es gibt die Radioquote oder zumindest wird sie diskutiert. Es gibt in anderen Ländern Quoten, was den nationalen Film angeht. Nationale Kultur, nationale Medien – gerne eine Quotenfrage. Ich würde es gern an die ganze Runde geben. Da hat sicher jeder eine eigene Meinung dazu.

Herr Wolters:
Da fange ich gleich mal an mit der Quotenfrage. Das kann man ambivalent sehen. Ich glaube, im Musikbereich hat sich die Forderung nicht wirklich durchgesetzt. Ich glaube auch, dass es sinnlos ist, dem Konsumenten Dinge vorzusetzen, die er

möglicherweise gar nicht haben will, nur weil man meint, man brächte Quotentitel. Fakt ist, dass die deutschen Entwickler durchaus in der Lage sind, Titel für ihre Community zu entwickeln, für deutsche Themen, die gut funktionieren. Ich glaube, wichtiger ist es, dass man mehr Technologie einsetzt. Und man braucht auf jeden Fall auch mehr Infrastruktur. Da kann ich Herrn Jantke nur beipflichten, dass es wichtig ist, hier Know how anzubieten, mit dem man wirklich auf die deutsche Zielgruppe abzielt. Wenige Leute wissen, dass der Cellprozessor, der in der Playstation 3 arbeitet, in Deutschland mitentwickelt wurde. In Böblingen hat IBM entsprechend mitentwickelt. Das sind ein paar Informationen, die wichtig sind. Der Technologiestandort Deutschland ist ein wichtiger und erfolgreicher Standort und man muss da eigentlich mehr investieren. Ansonsten ist es schon so, dass es genug Content gibt, der auch nationale Bedürfnisse abbildet.

Dr. Fabel:
Möchte sich noch jemand zur Quotenfrage äußern?

Herr Primbs:
Es mag gut sein, dass wir in Deutschland kaum große Studios haben, gewiss keines mit 3000 Mitarbeitern. Vielleicht könnte der deutsche Markt auch größer und im Konsolenmarkt stärker sein. Aber eine Stärke sollten wir auf alle Fälle betonen: die technische Innovation, die sehr oft gerade von deutschen Studios getrieben wir, beispielsweise im Bereich Managed Code Gaming. Beispielsweise das Autorennspiel, das ich Ihnen heute bereits zeigen durfte, der XNA Racer. Dieses Spiel stammt von einer Firma aus Hannover mit einer Kernmannschaft von gerade mal fünf Leuten, von denen eigentlich nur zwei wirklich programmieren. Diese kleine Firma also schafft Titel wie den XNA Racer in gerade mal 3 Wochen und demonstriert damit anschaulich die Möglichkeiten, die in effizienten innovativen Methoden auch für kleine Firmen stecken. Das sind Dinge, die man betonen sollte neben diesem kulturellen Wissen. Dass man vielleicht auch spezielle Nischenprodukte fördert und Deutschland vielleicht, wenn nicht aktuell, dann aber bei der nächsten Technologiewelle wieder als Vorreiter zu positionieren. Und bei Quoten kriege ich, ehrlich gesagt, ganz arg Gänsehaut.

Herr Holz:
Ich denke, eine Quote ist auch nicht das Richtige. Das Wichtige ist einfach, dass wir ein politisches Klima brauchen, in dem man sich als Entwickler hier am Standort wohl fühlt. Wenn ich vorhin berichtet habe, wie wir in Singapur gefördert werden, dann fragen wir uns schon manchmal, warum wir eigentlich mit der ganzen Firma nicht nach Singapur gehen. Die Angebote sind da. Wir würden noch wesentlich mehr Förderung bekommen. Von der deutschen Regierung haben wir bis jetzt noch gar nichts bekommen. Von der gesamten politischen Atmosphäre läuft es eigentlich einem Entwicklungsstandort Deutschland entgegen. Wir haben aber sehr große Talente hier in Deutschland. Nur die Aufgabe heißt, diese Leute zu halten, weil diese Leute von den großen Publishern international sehr gute Angebote

bekommen und dann irgendwann abwandern. Dann fehlt hier sozusagen auch irgendwann eine Senior Developer Schicht, die auch ausbilden kann, weil die guten Leute irgendwann weg sind.

Dr. Fabel:
Ich möchte noch eine Frage anschließen, um die Runde komplett zu machen. Herr Zeh, ich habe verstanden anhand der Meinungen auf dem Podium, dass wir keine Quote brauchen. Aber haben wir vielleicht eine Quote gemessen an dem, was konsumiert wird?

Herr Zeh:
Es stellt sich immer die Frage: Was ist die Quote oder was ist dann ein nationales Produkt? Tina Turner im Musikbereich ist übrigens eine nationale Künstlerin. Im Musikbereich ist Tina Turner national. Crytek, ich habe es vorhin gehört, wie viel Mitarbeiter kommen da nicht aus Deutschland? Was ist der deutsche Film? Es ist halt immer die Frage, wie man das Ganze definiert. Ich sehe es wie Herr Holz und denke, man muss hier eben die Ressourcen, die man hat, die es gibt, nutzen und auch hier behalten. Ansonsten ist natürlich eine Quote völliger Blödsinn. Definieren Sie mal ‚deutsches Produkt‘, da gibt es keine Definition und das könnte man auch schwer definieren. Es gibt in dem Sinne natürlich eine Quote, weil man wiederum sagt: Was spielt der Deutsche gerne, Genres usw.? Was hat er für Vorlieben? Das ist aber ein vom Markt oder bzw. vom Konsumenten bestimmter Anteil, den er gerne spielt, die Quote eben.

Dr. Fabel:
Herr Eberspächer!

Prof. Eberspächer:
Noch einmal zu dem, was Herr Holz sagte. Diese Konferenz hat ja unter anderem das Ziel, herauszufinden, die Sichtbarkeit in der Politik, auch bezüglich Förderung von KMUs, die hier eine Rolle spielen, zu stärken. Wir können vor allem eines tun, dass wir mehr darüber reden als bisher und dass wir versuchen, die Kreise, die solche Förderpolitik bestimmen, anzusprechen. Das sind bestimmte Kreise, die vielleicht von Ihnen auch nicht so bedient werden mit Informationen. Als wir die Konferenz vorbereitet haben, wollten wir natürlich die Politik hier haben, die beim Münchner Kreis meist sehr gern auftritt. Die beiden Ministerien BMBF und Wirtschaftsministerium haben mehr oder weniger abgewinkt, wahrscheinlich aus den „Schmuddelgründen“, wenn ich das so sagen darf. Sehr positive Resonanz bekamen wir vom Bundeskanzleramt beim Staatsminister Neumann. Da haben wir gehört – ich sage auch gleich, warum es nicht geklappt hat –, dass dort seit einiger Zeit Gespräche im Gange sind, Herr Wolters müsste das eigentlich wissen, um zu klären, was man tun kann, um das Ganze zu fördern und zu stärken. Die wollten dann hier auf dieser Konferenz auftreten, haben dann aber abgesagt mit dem Hinweis, dass die Vereinbarungen, die sie offenbar mit der Wirtschaft machen wollen,

noch nicht ganz unterschriftsreif sind. Vielleicht kann Herr Wolters in der Richtung etwas sagen.

Herr Wolters:
Vielen Dank für die Steilvorlage. Es werden auf Bundes- wie auf Länderebene schon Gespräche geführt zum Thema Förderung. Es gibt jetzt schon zahlreiche Fördermöglichkeiten über die Medienfördergesellschaften der Länder auf der einen Seite und europäische Förderprogramme zu dem Thema auf der anderen Seite und last but not least, wir sind natürlich seit drei Jahren mittlerweile im Gespräch auf Bundesebene zum Thema Förderung. Ob und wie Computer- und Videospielen oder digitaler Contenttechnologie gefördert werden kann, haben wir dem Kulturstaatsminister, der jüngst ja die Filmindustrie wieder reich beschenkt hat, diskutiert und auch mit dem Wirtschaftsministerium und dem Forschungsministerium gesprochen. Da gibt es schon Programme, die geöffnet werden können zu einer Art Fördercluster möglicherweise. Die Gespräche sind schon relativ weit gediehen. Von Seiten des Kulturstaatsministers beschäftigt man sich mit dem Thema im Auftrag des Bundestages und da gibt es natürlich eine Berichtspflicht gegenüber dem Bundestag. Bis man dieser Berichtspflicht nachgekommen ist, wird es keine Veröffentlichung geben zu dem Thema. Ich kann aber sagen, dass man auf jeden Fall in diese Richtung geht und wir als Verband das natürlich maßgeblich mit treiben. Gleiches gilt für den Kollegen Reichert und den Entwicklerverband. Da sind wir natürlich zusammen an der Politik dran, und da bewegt sich Einiges. Es gibt im europäischen Umfeld natürlich auch immer Grenzen. Insbesondere wenn man den Blick zum Beispiel nach Frankreich wendet, wo die französische Staatsregierung sehr massiv die Spieleindustrie fördert, nach ähnlichen Modellen wie das in Singapur oder in Kanada beispielsweise der Fall ist. Gleichwohl gibt es Subventionsbeschränkungen aus dem Europarecht und das sind natürlich Hürden, die man erst einmal überspringen muss. Deswegen bewegen wir uns eher im technologischen Bereich.

Herr Reichart:
Aus Entwicklersicht wollte ich auch nur noch einmal sagen, dass für uns eine Quote keinen Sinn machen würde. Im Gegenteil, ich empfinde solche Sachen eher als lähmend, wenn man irgendwelche Institutionen ins Leben ruft, die dann dafür sorgen, das x% der Spiele aus Deutschland kommen müssen. Letztlich machen wir hier Wirtschaftsgüter und die müssen auch wirtschaftlich erfolgreich sein. Ich glaube, das ist immer der Maßstab, an dem wir uns orientieren müssen.

Dr. Fabel:
Dann möchte ich den Ball gern aufgreifen, denn so wie für Sie das Reizwort Quote ist, ist mein Reizwort Förderung. Das klingt nach Subventionsloch, um es gleich so zu übersetzen. Das sage ich jetzt bewusst etwas provokant, aber ich würde gerne die Diskutanten hier auf dem Podium einfach einmal fragen, was ist denn aus Ihrer Sicht förderungsbedürftig und was ist nützlich und warum überhaupt? Das, muss ich gestehen, ist mir noch nicht ganz klar. Herr Jantke, wollen Sie anfangen?

Prof. Jantke:
Ja, ich sehe sehr viele Aspekte, und wenn ich mich mal in meinen akademischen Elfenbeinturm zurückziehen darf, alles, was wir in den Universitäten und Hochschulen machen, sofern wir in einer Universität oder Hochschule eines der Länder angesiedelt sind, machen wir das mit Steuermitteln. Es sei denn, wir haben Drittmittelprojekte, die dann sehr dediziert einen kleinen Fokus haben. Wenn wir eine Ausbildung in Deutschland anbieten wollen, die in unserem Hochschulwesen angesiedelt ist, dann wird die letztendlich staatlich bezahlt auf die eine oder andere Art und Weise. Wenn wir jetzt darüber nachdenken, ob wir vielleicht der Ausbildung ein bisschen zeitgemäßeres Profil geben wollen, vielleicht auch ganz neuartig, und aufgrund der Ideen und der Kontakte, die wir haben, vielleicht auch Vorreiter in Europa werden könnten, dann gehört zu den vielen Dingen, die wir machen müssen, dass die Unternehmen mit den Akademikern näher zusammenrücken. Das wird zu Anfang bei den Unternehmen nicht sofort in Erfolg umschlagen. Sie werden nicht sofort den Mehrwert dadurch haben, dass sie plötzlich mit einer akademischen Forschungsgruppe und mit 30 Studenten zusammen arbeiten. Und die akademische Lehre wird nicht sofort viel einfacher sein und mir weniger Arbeit machen, weil ein paar Leute aus Unternehmen so nett sind und einmal die Woche zu uns kommen. Es wird für beide Seiten zum Anschub eine Belastung sein. Und wenn man so etwas voranbringt und den Leuten eine neue Qualität in der Kooperation in Aussicht stellt, weil wir wirklich Ideen haben, wie wir zusammen gehen, dann könnte man den Anschub dessen fördern. Und es ist ganz ehrlich schwer vorstellbar, es völlig ohne Anschub zu machen, denn dann landen wir auf der Ecke, wo wir Akademiker immer wieder landen. Wir Professoren machen das am Wochenende, und wir machen es in der Nacht. Ich frage mich, ob das politische Absicht ist.

Herr Primbs:
Bei dem Thema Förderung und was förderungswürdig ist, würde ich noch eine Frage anhängen. Wie soll denn so eine Förderung aussehen? Ich glaube, die Branche würde sich freuen, wenn sie endlich mal, bevor Geld fließt, genauso behandelt werden würde wie andere. Ich weiß nicht wer von Ihnen im Raum den deutschen Film „Der Flug des Phönix" kennt. Da geht es darum, dass ein Flugzeug irgendwo in der Wüste abstürzt, und die überlebenden Passagiere versuchen es zu reparieren. Einer der Passagiere weiß wie und erklärt es den anderen. Das geht so lange gut bis die anderen Überlebenden erkennen, dass derjenige eigentlich Modellbauer ist und immer nur Modelle repariert hat. Eigentlich weiß er damit zwar mehr über Avionik als mancher Pilot, aber plötzlich hat er dennoch ein Glaubwürdigkeitsproblem. Ich glaube, was die Veranstaltung heute bringen könnte, ist ein Gefühl dafür, dass die Spieleindustrie eine ernsthafte Branche ist und sich nicht mit Spielkram beschäftigt. Eine Förderung könnte zum Beispiel sein, dass irgendwo ein Lehrstuhl gefördert wird oder ein sich gründendes Spieleunternehmen genauso behandelt wird wie eines, das sich mit Kybernetik beschäftigt. Da mag dann zum Teil eine Förderung auch so aussehen, dass Sperrfeuer unterbleibt, weil hin und wieder es auch so ist, dass man manchmal das Gefühl haben könnte, dass

zum Teil durch absichtlich gefärbte Äußerungen die Branche fast schon beschädigt wird. Wenn so etwas ausbleibt, wäre das auch eine Art Förderung.

Prof. Jantke:
Wir wollen ja gerne besser verstehen, wie Spiele wirken. Ich sehe es mal nicht aus Sicht der Unternehmen, die hier Spiele entwickeln, sondern ich sehe es einmal ganz bescheiden aus gesamtgesellschaftlicher Sicht. Wir wollen gerne wissen, wann Spiele positive Wirkungen haben und wann vielleicht auch negative. Das ist Medienwirkungsforschung, wir wollen gerne experimentieren. Wir wollen gerne auch qualitative und quantitative Untersuchungen machen. Und jetzt ein ganz kleines Gedankenexperiment, was wirklich im Leben vorkommt. Ich nehme mir ein konkretes Spiel vor, wir untersuchen das Spiel – haben wir tatsächlich gemacht in einer Lehrveranstaltung – und denken, jetzt wäre es interessant, hiervon eine Version zu untersuchen. Wir müssten das Spiel einmal modifizieren können, dann kämen wir vielleicht auf Effekte und könnten sagen, schaut einmal, diese Modifikation in dem Spiel verdirbt den Spielspaß nicht, aber nimmt einen anderen Effekt weg. Machen Sie mir nebenbei aus einem Ihrer Spiele eine Variante, einfach so, damit ich mit meinen 20 Studenten daran forschen kann? Warum hilft uns da keiner ein bisschen? Wir kämen qualitativ voran. Für die Unternehmen hätte es einen bestimmten Sexappeal und vielleicht lernen sie etwas dabei. Und wir in der Wissenschaft und letztendlich gesamtgesellschaftlich lernen etwas. Aber dazu müssen einmal Dinge gebaut werden, mit denen man arbeitet. Und nicht alles, womit wir gerne arbeiten wollen, um etwas zu verstehen, wird einfach von sich aus spontan gebaut, weil der Markt es einfach so hervorwürgt. Manches müssen wir provozieren und sagen: Bitte, das hätten wir gern, würden wir gern nächstes Jahr bauen.

Dr. Fabel:
Dann wollen wir einmal weitermachen mit der Förderbedürftigkeit und der Förderform.

Herr Wolters:
Mir fällt die Antwort ein bisschen leichter, weil ich mich mit dem Thema schon sehr lange beschäftige; Förderung aus unserer Sicht ist sicher Infrastrukturförderung, muss man deutlich sagen, gar nicht so sehr Einzelprojekt oder Einzelproduktion, sondern eher die gesamte Infrastruktur. Das ist heute schon ein bisschen durchgeklungen. Wir haben ein riesiges Problem bei den Nachwuchskräften. Die deutschen Entwicklungsstudios, die wirklich in Deutschland am Markt sind, und die wirklich auch für den Weltmarkt produzieren, haben ganz klar einen Fachkräftemangel. Wir wachsen natürlich und auch die Entwicklungsstudios wachsen und es wäre schön, wenn man da irgendwie Ausbildungsprogramme hätte oder zumindest von den Hochschulen qualifiziertes Personal nachkommen würde. Da träume ich immer noch von meiner alten Zeit, als ich für die Filmindustrie tätig war und weiß, dass zum Beispiel die Filmakademie Ludwigsburg für die gesamte Film- und Fernsehlandschaft jedes Jahr Hunderte von Absolventen freisetzt, die dann auch

noch die Studenten-Oscars in Los Angeles gewinnen. Den Traum habe ich natürlich auch für Deutschland, dass wir hier so eine Art staatlich anerkannte Hochschule für die Spieleentwicklung haben, möglicherweise interdisziplinär. Das wäre
mein Traum, wofür wir uns dann natürlich einsetzen würden. Ansonsten natürlich
Infrastruktur in der Form, dass man Industrie und Wissenschaft miteinander verknüpft, und das wären die ersten richtigen Ansätze.

Herr Zeh:
Es ist von Marktforschungsseite natürlich schwer, etwas zur Förderung zu sagen.
Herr Wolters hat es gerade erwähnt, der Oskar zum Beispiel im Kinobereich. „Das
Leben der Anderen" ist so ein Film, der gefördert wurde und weltweit Aufmerksamkeit erregt hat. Er ist in Deutschland gut angekommen. Da sagt jeder, das ist
jeden Euro wert, das kann man fördern, das ist Kulturgut, wie auch immer. Es gibt
aber auch Filme wie „Die sieben Zwerge" – den Film möchte ich jetzt nicht
schlecht reden –, aber wo man sagt, das sind auch Filme, die gefördert werden. Ich
denke, die Branche muss einfach ernst genommen werden. Es ist eine Branche, die
sich nicht verstecken muss, die von der Größe und von der Bedeutung in Deutschland dem Filmbereich, dem Musikbereich, dem Kinobereich gleich zu setzen ist.
Von daher, wenn andere Bereiche gefördert werden, aus welchen Gründen auch
immer, warum darf dann die Games Branche nicht gefördert werden? Und da ganz
klar gerade alles, was an Hochschulen gefördert wird, was hierfür notwendig ist,
Filmhochschulen oder andere Einrichtungen. Das ist selbstverständlich. Die Games
Branche hat eben das schlechte Image, den schlechten Makel – die darf man
anscheinend nicht fördern.

Dr. Fabel:
Fragen noch einmal von Ihrer Seite. Bitte sehr.

NN:
Wenn wir jetzt über Förderung sprechen, wäre meine Frage: Wie sehen Sie die
Gamingindustrie in fünf oder zehn Jahren? Hintergrund ist; wenn es viele kleine
Unternehmen gibt, dann gibt es auch immer einen Hang zur Konsolidierung. Wird
da irgendwas passieren in den nächsten Jahren?

Herr Wolters:
Ja, das ist eine sehr interessante Frage, die natürlich alle umtreibt. Wie sieht die
Spieleindustrie in fünf Jahren aus? Die Frage kann kaum jemand seriös beantworten. Wir glauben nicht, dass es eine Konsolidierung gibt – also ich glaube es
zumindest nicht – für den deutschen Markt und für den deutschen Verband in der
Richtung, dass man sagt, wir haben wieder so einen Marktbereinigungsprozess wie
wir ihn beispielsweise Anfang der 80er Jahre hatten und wie wir ihn regelmäßig
haben. Ich glaube, dass im Augenblick die Karten schon neu gemischt werden, dass
wir im Augenblick sehr viele neue Protagonisten auf der Bühne haben. Gleichzeitig
glaube ich aber auch, dass der Markt wesentlich breiter wird durch die ganzen

Online-Angebote, die es da gibt. Es gibt wesentlich mehr Beteiligte und wenn ich mir meine Mitgliedsunternehmen anschaue, die großen Anbieter, dann stelle ich fest, dass die eigentlich im Augenblick auch in allen kleinen Nischenmärkten aktiv sind, weil jeder die Angst hat, da irgendwas zu verpassen, was möglicherweise in fünf Jahren groß sein kann. Also, Handyspiele machen fast alle großen Entwicklungsunternehmen oder Publisher. Alle gehen in die Richtung Casual Games, haben Portale im Internet gelauncht und werten ihre IP auch im Casual Games Bereich aus. Ich glaube, der Markt wird wesentlich größer sein. Es werden wesentlich mehr Leute daran teilnehmen, und es bestehen auch immer noch weiter gute Möglichkeit für Kreative, dort daran teilzunehmen, weil man Ende des Tages eine Contentindustrie, die einerseits von der Technologie lebt, aber zum Großteil auch noch vom innovativen Content und den kann man auch als kleines Team haben. Das hatten wir ja schon gehört.

Dr. Fabel:
Ist das der große Fisch im Markt, der die Konsolidierung vorantreiben wird? Wenn ich die Frage noch einmal weiter geben darf, Herr Liebich? Konsolidierung ist ja immer eine Frage der Perspektive: fressen oder gefressen werden.

Herr Liebich:
Ich denke, dass die gesellschaftliche Anerkennung ein Kernproblem darstellt. Wir sind schon lange keine Randerscheinung mehr, sondern ein ernstzunehmender Wirtschaftszweig, in den man bedenkenlos investieren kann, sofern man Fachleute an Bord holt, die beratend zur Seite stehen. Nichts ist schlimmer als ein Investor, der nicht versteht, für was er sein Geld einsetzt. Wir als Deutsche waren schon immer – und sind es auch heute noch – Technologietreiber in vielen Segmenten. Ich nenne nur die Solarenergie. Wir sind es auch in der Spielebranche, wie Herr Holz bereits sagte. Uns laufen aber die Entwickler-Veteranen weg, sie werden ins Ausland abgeworben, wo man unter Umständen mehr verdienen und einen höheren Status erreichen kann, einfach dadurch, dass die Titel international vertrieben werden. Uns stirbt die Basis weg und wir finden in Deutschland einfach nicht genügend qualifizierte Fachkräfte. Die Ausbildung in Deutschland ist nicht staatlich anerkannt, wir rekrutieren aus einer privat finanzierten Gamesakademie in Berlin, die sehr gute Arbeit leistet, allerdings nicht staatlich gefördert wird und dadurch auch nicht über die Dozenten und Technologien verfügt, die eine staatliche Einrichtung bieten kann. Es besteht für die Studenten keine Pflicht Praxissemester zu machen. Die zweite Institution ist die Filmakademie in Ludwigsburg, wo ich mit Professor Hägele, dem Leiter des Animationsinstituts, für die Spieleindustrie werbe. Es gibt erste Fortschritte, aber ich rechne mit spürbaren Resultaten erst in einem Jahrzehnt. Aus diesem Grund suchen wir hochqualifizierte Fachkräfte inzwischen im Ausland. Auf der anderen Seite ist das Budget für Spielentwicklungen zu niedrig. Das Budget für einen AAA Titel, sofern wir nicht mit einem internationalen Player wie EA zusammenarbeiten, liegt in Deutschland bei ein, zwei Millionen, und da haben wir schon enorm Glück gehabt. Deswegen kann ich nur

begrüßen was die 10Tacle AG macht, nämlich genau dort anzufangen, wo es weh tut, beim Geld, Investoren zu finden, für die Spiele, die das darstellen was sie sind: Interaktive Filme, Erlebniswelten und per se ein spannendes Medium. Die Anerkennung wird kommen, nämlich dann, wenn das Geld tatsächlich erfolgreich investiert wurde. Wir haben genügend Know-how international erfolgreiche Spiele zu produzieren. Das sehe ich daran, dass unsere Fachkräfte in führenden Positionen im Ausland arbeiten. Es mangelt nicht an Akzeptanz im Ausland. Wir müssen uns Distributionswege erschließen, um auch im Ausland erfolgreich zu sein, d.h. wir brauchen international agierende Publisher, die wir überzeugen können, dass wir aufgrund unseres Know-hows in der Lage sind AAA-Spiele zu entwickeln. Wir müssen sehr viel in Marketing investieren, Werbung verkauft Spiele. Wenn wir das Geld nicht haben, kann das Spiel nur ein Selbstläufer werden und glückliche Umstände, wie im Falle „Moorhuhn" oder „Battlefield", führen dann dazu, dass das Spiel auch groß wird. Also, ganz klar: gesellschaftliche Akzeptanz, politische und staatliche Förderung und die Ausbildungssituation müssen drastisch verbessert werden, dann klappt es auch mit den Nachbarn.

Dr. Fabel:
Geben Sie uns noch Ihre Einschätzung dazu, ob der Markt sich konsolidiert oder nicht eingedenk dieser Entwicklung.

Herr Liebich:
Ich bin pessimistisch, aber ich glaube an einen Wandel. Ganz ehrlich, wenn ich darauf angesprochen werde und sehe, wie viele Entwickler aufgrund der Tatsache aufgeben, dass sie nicht über die nötigen Ressourcen verfügen, dann klingt das nicht gerade nach einem adäquaten Einstieg in einen international anerkannten Wachstumsmarkt. Der Markt wird langfristig vom Online Geschäft beherrscht werden. Wenn man AAA Online-Spiele entwickeln will, muss man sich der Tatsache bewusst sein, dass die Budgets einen zweistelligen Millionenbetrag erreichen.

Dr. Fabel:
Vielen Dank. Wir hatten dort hinten noch eine zweite Frage.

Alexander Erk, Institut für Rundfunktechnik:
In der Frage Akzeptanz und Förderung. Wie sehen Sie da die Rolle vom elektronischen Sport? Ich meine, es wäre doch sicherlich eine Möglichkeit, über einen vernünftigen elektronischen Sport die Akzeptanz und auch die Bekanntheit von Spielen zu starten.

Dr. Fabel:
Von wem wünschen Sie sich diese Frage primär beantwortet?

Alexander Erk
Wer will.

Herr Wolters:
Ich kann da gerne etwas dazu sagen. Natürlich wird elektronischer Sport oder eSport, wie er ja schon sehr intensiv betrieben wird und wie er in Asien mittlerweile auch zu einer Massensportart geworden ist, dort auch im Fernsehen übertragen. In Deutschland bewegt sich zumindest die mediale Wahrnehmung von eSport noch im überschaubaren Bereich. Da gibt es zwar den einen oder anderen Sender, der sich da schon einmal versucht hat, durchaus auch einer hier aus dem Münchner Umfeld. Allerdings funktioniert das bei der deutschen Fernsehlandschaft noch nicht richtig. Der elektronische Sport ist auch wirtschaftlich mittlerweile ein sehr spannendes Thema. Ich hatte es bei meiner kurzen Stellungsnahme ja gesagt, dass wir Communities sehen, organisierte Communities. Der eSport ist im Endeffekt nichts anderes als organisiertes Spielen, mittlerweile auf einem halbprofessionellen oder sogar professionellen Bereich. Es gibt Nationalmannschaften, es gibt verschiedene Ligen, die jetzt schon sehr gut auch kommerzielle Angebote unterbreiten. Die machen das nicht nur, weil sie etwas für den Sport machen wollen. Es gibt auch einen deutschen eSport Bund, der sich darum kümmert, dass elektronisches Spielen auch als Sportart anerkannt wird, ähnlich wie bei Schach beispielsweise, wo Sie auch ein sehr analoges Spiel haben, aber das gleichzeitig als Sport auch anerkannt wird. Das könnte man beim elektronischen Sport natürlich genauso machen. Dafür kämpft man, dafür gibt es einen Verband. Wir haben über die gesamtgesellschaftliche Akzeptanz des Mediums gesprochen. Im Augenblick ist es so, dass der deutsche olympische Sportbund da noch nicht ganz die Dimensionen sieht. Da müssten wir vermutlich genauso eine Überzeugungsarbeit leisten wie hier im Augenblick.

Prof. Jantke:
Ich kann Ihnen Ihre Frage nicht beantworten, aber ich kann Ihnen noch einen Pointer setzen. Wir machen am 18./19. August, also in der Woche vor der GC, in Leipzig für Studierende ein Games Summercamp und eines der Themen, die wir dort vertieft behandeln, wird eSport sein. Ein studentisches Team von mir, das sich das ganze Sommersemester darauf vorbereitet hat, geht dann am Montag, Dienstag, also 20./21. August auf die GC Developers Conference und macht eine relativ gründliche Analyse über eSport. Wir werden das hinterher auch publizieren.

Dr. Fabel:
Noch andere Fragen? Dort hinten zunächst, bitte.

Frau Prof. Goderbauer-Marchner, MedienCampus Bayern:
Ich bin die Geschäftsführerin des MedienCampus Bayern. Das ist ein Dachverband für Medienaus- und –weiterbildung. Ich wollte zum Einen die Information geben, dass sich übermorgen der Bayerische Wirtschaftsminister mit der Gamesindustrie trifft und sich dieses Themas annimmt. Meine Frage geht in die Richtung der Aus-

und Weiterbildung. Mich erinnert diese Nachwuchsdiskussion sehr an die Probleme der Animations- und Visual Effects-Branche, wo wir ähnliche Diskussionen haben. Ich würde gerne wissen, nachdem wir ja Medientechnik-Studiengänge, Informatik-Studiengänge haben – es gibt Akademien, die im Bereich Gamesdesign ausbilden – ob es nun von Seiten der Fachleute sinnvoll wäre, eigene grundständige Studiengänge, die in der Bachelorphase sechs bis sieben reine Weiterbildungsmodule anbieten, die nun, mit einem bestimmten Basiswissen ausgestattet, speziell für ihre Branche die Leute in kurzfristigen Zyklen weiterbilden könnten?

Prof. Jantke:
Ich kann nur einen Teil Ihrer Frage beantworten und meine spezielle Sicht dazu beisteuern. Ich bin skeptisch, wenn ich mir ein sechs-semestriges Bachelorstudium oder ein sechs- plus vier-semestriges Bachelor- und Masterstudium für digitale Spiele vorstelle. Aber so, wie es im Moment an der TU Ilmenau zum Beispiel aussieht – wir sprechen da von dem so genannten Drei-Säulen-Modell, wir haben die Sozialwissenschaften, die Technologie und die Wirtschaft und wir haben drei Studiengänge. Wir haben die Angewandte Medienwissenschaft, das ist der eher sozialwissenschaftlich geprägte Studiengang. Wir haben die Medientechnologie, und wir haben die Medienwirtschaft. Wie ich vorhin schon sagte, sind von allen Studierenden der TU 42% in diesen drei Medienstudiengängen. Die sitzen typischerweise vermischt alle bei mir in den Lehrveranstaltungen. Wir machen das erst seit anderthalb Jahren und haben zögerlich begonnen, weil wir uns auch orientieren mussten. Ich könnte mir vorstellen, dass man in so einem Umfeld von Anfang an einen Schwerpunkt digitale Spiele in medienwissenschaftlich orientierten Studiengängen platziert. Wenn das gelungen ist, wenn so ein Schwerpunkt von der ersten Semesterwoche an durch das ganze Bachelorstudium hindurch läuft, dann kommen kontinuierlich Absolventen aus den Hochschulen. Es mag an anderen Hochschulen etwas andere Profile geben. Ich denke, es ist ganz wichtig, dass die, die sich hier etwas besser kennen gelernt haben, auch weiter darüber kommunizieren, was wir abgestimmt machen können, um unsere Kapazitäten zu ergänzen.

Herr Wolters:
Ja, dazu ergänzend: ich sehe das nicht ganz so optimistisch, weil ich glaube, dass wir die IT-Ausbildung ein Stück weit in Richtung Games-Entwicklung aufbohren müssen. Das größte Problem ist im Augenblick, dass an den Informatikfakultäten die Entwicklung von Computer- und Videospiele fast überhaupt keine Rolle spielt. Es gibt natürlich kleine Ansätze. Wenn Sie mich fragen: Was ist besser, Weiterbildung oder echte, richtige Grundlagenausbildung? Dann sagte ich ganz klar, das zweite. Ich habe mit Prof. Hegele von der Filmhochschule Ludwigsburg schon vor zwei Jahren zusammen gesessen und da haben wir auch über die Frage gesprochen, ob an seinem Institut möglicherweise die Spieleentwicklung ein stärkeres Gewicht haben könnte. Da gab es eine ganz klare Ansage: alles, was 3D Animation ist, ist wunderbar. Darüber hinaus wird es schwierig. Aber 3D Animation ist nur die Hälfte der Spieleentwicklung, mittlerweile zwar ein großer Teil der Spieleentwick-

lung, aber wir brauchen auch Programmierer und IT-Fachleute. Diese Bereiche an die Filmhochschule Ludwigsburg zu bringen, ist eine große Herausforderung. Die Filmleute haben mit IT nur am Rande zu tun. Wir müssen diese ganzen Teile im Bereich der Spielentwicklung, die wir heute gehört haben, irgendwo an einer Hochschule, in einem Cluster vereinen. Ich weiß, dass es ganz viele Ansätze bei verschiedenen Universitäten in allen Bundesländern gibt. Wir werden übermorgen auch mit Herrn Staatsminister Huber darüber reden. Da gilt das, was mit anderen Universitäten auch gilt, dass man stärker die Vernetzung mit der Industrie sucht, um nachher festzustellen, dass die Absolventen irgendwann ohne große Reibungsverluste in die Industrie wechseln können.

Dr. Fabel:
War dort in der Mitte noch eine Frage?

Herr Udo Hertz, IBM Entwicklung Böblingen:
Zum einen möchte ich bestätigen, Herr Wolters, in der Tat haben auch an den Cell-Prozessoren, die in den Konsolen zum Teil im Einsatz sind, Ingenieure aus Deutschland und aus Böblingen mitgearbeitet. Insofern denke ich auch, dass von der technologischen Voraussetzung hier in Deutschland eigentlich viel Chancen sein sollten. In dem Eröffnungsvortrag von Herrn Aufenanger wurden vier Aspekte als Zukunftschancen in Aussicht gestellt und dazu würde ich Sie auch gern hören, ob Sie das eine oder andere teilen. Herr Aufenanger sprach von Online-Spielen als eine weitere und zukünftige Entwicklung und dazu haben wir einiges gehört. Aber dann eben auch über neue soziale Welten, Integration in Arbeit und Beruf oder Grundlagen für neues Lernen. Inwieweit sehen hier die Beteiligten auf dem Panel darin wirklich Zukunftschancen für die Gameindustrie?

Herr Wolters:
Vielleicht fange ich einfach einmal an als Verband. Online-Spiele sind ein weites Feld, ich hatte es schon gesagt. Da muss man einfach einmal schauen, welche Geschäftsmodelle sich da in Zukunft herausbilden. Da würde ich nicht so tief einsteigen wollen. Die sozialen und digitalen Netzwerke sind ein gutes Stichwort. Die Leute kommunizieren mittlerweile mit anderen Kommunikationsmitteln als wir das kennen. Ich selbst bin noch nicht so furchtbar alt, nutze das Internet aber auch schon seit Mitte der 90er Jahre. Nur wenn ich feststelle, dass die 12-, 14-Jährigen tatsächlich Instant Messanging sehr intensiv benutzen, da muss man ganz klar sagen, die sozialen Netzwerke und die Kommunikation funktionieren heute anders als früher. Die neuen Kommunikationsmittel werden sehr intensiv genutzt. Das sagt auch die eine oder andere Studie. Man muss sich darauf einstellen, dass es da wahrscheinlich eine gesellschaftliche Veränderung gibt hin zu einer digitalen sozialen Welt. Immer wird gesagt, die Spieler sitzen einsam vor dem Computer und dann kommt als Antwort: Ja, aber nicht allein, ich bin über Headset mit meinen Freunden verbunden, und wir spielen jetzt gemeinsam. Früher hat man Fußball möglicherweise auf dem Fußballplatz gespielt, sich mit seinen Freunden da getroffen. Heute

trifft man sich im virtuellen Netz und spielt trotzdem zusammen, eben digital ver-
netzt. Insofern glaube ich gibt es da einfach einen neuen Trend, der die gesamte
Gesellschaft verändert. Aber das ist eine sehr philosophische Frage, wie sich das im
Augenblick weiter entwickelt. Da muss man die Sozialwissenschaftler involvieren.
Integration, Arbeit, Beruf und Bildung ist etwas, was für uns eine Klammer ist. Es
wurde heute verschiedentlich gesagt, Serious Games sind ein Thema, die Technologien, die aus der Spieleindustrie kommen, kann man auch nutzen für andere
Anwendungen, die weit über das hinausgehen, was reine Unterhaltung ist. Das verfolgen wir als Verband auch sehr intensiv, haben beispielsweise eine Serious Games
Conference im Frühjahr auf der CeBIT gemacht. Wir werden das Thema sicherlich
weiterführen und werden da natürlich Synergien und Bewusstsein schaffen, einerseits für diese interessanten Technologien, die aus der Gamesindustrie kommen und
zum anderen natürlich auch damit neue Medien den Eingang in traditionelle Bil-
dungs- und Berufswelten verschaffen.

Herr Zeh:
Online Gaming ist natürlich der Trend momentan. Ob er so positiv für die Gamesbranche sein wird, ist die Frage. ‚World of Warcraft‘ als Beispiel hat inzwischen
auch Probleme in der Öffentlichkeit dargestellt zu werden, indem man sagt, es sind
nicht irgendwelche Shooter, sind es ja auch nicht, sondern dass hier eine sehr hohe
Nutzungsintensität ist. Man ist zwar weltweit mit Leuten verbunden, aber dass
Eltern da die Gefahr sehen, dass ihre Kinder nur noch davor sitzen, d.h. man sieht
einen Trend, der in der Öffentlichkeit eigentlich negativ beladen ist. Man versucht,
möglichst hohe Nutzungsintensitäten im Netz zu generieren bei den Konsumenten.
Es wird sich zeigen, ob das hier von der Öffentlichkeit oder gerade auch von Eltern
akzeptiert wird. Ich hatte erst neulich ein Gespräch, ein Modell, ein wirkliches Kin-
derprodukt für den Vorschulbereich. Dort sind Pläne, ob man ein Online Game
machen möchte. Ich weiß nicht, ob das der richtige Weg ist, weil hier das Kind
gleich nach der Schule an den Computer gesetzt wird, damit es sich hier mit seinen
Freunden über irgendwelche Charaktere unterhält. Neue soziale Welten sind es mit
Sicherheit dadurch, dass es mehr und mehr zum Massenmarkt hingehen und es
natürlich auch immer differenzierter sein wird. Es ist inzwischen so, dass sich Konsumenten über ihre Freizeit definieren, also ein 60-jähriger Harley Davidson Fahrer
hat mehr Gemeinsamkeiten mit einem 30-jährigen Harley Davidson Fahrer als mit
einem 60-Jährigen in seiner Altersgruppe. Es wird bestimmt hier verschiedene
soziale Welten geben. Nun zum Lernen: Da kann ich jetzt persönlich nichts dazu
sagen.

Dr. Fabel:
Sie müssen nicht. Darf ich das als Schlussfrage auch an Sie beide noch weiter reichen?

Herr Primbs:

Man hört immer wieder, dass das Online Gaming so ein Riesenwachstumsbereich sei, und es klingt fast schon immer Überraschung durch. Ich persönlich lehne mich manchmal zurück und denke, was ist da Neues dran? Ich habe auch vor 10 Jahren mal mit einem C64 angefangen und, ganz ehrlich, es hat schon immer mehr Spaß gemacht, im Netzwerk mit anderen zu spielen. Und auch schon relativ frühe Spiele konnten das. Das einzige, was wir momentan sehen ist, dass Netzwerke immer breitbandiger, immer besser verfügbar werden, weswegen immer mehr Spiele entsprechende Funktionalität anbieten. Zweifelsfrei einen gewissen Wachstumsschub erleben allerdings Spiele, die virtuelle Welten anbieten. Und gerade dort lassen sich viele Anwendungsfälle vorstellen. Das fängt bei Computerspielen an, geht über Wissensvermittlung bis hin zu Simulation und Forschung. Das kann sicherlich in einem spielerischen Rahmen dann auch im Arbeitsumfeld stattfinden. Beispielsweise bei Microsoft gibt es einen sehr stark ausgebauten Mitarbeiterschulungsbereich, der vollständig Online stattfindet. Bestimmte Aspekte daraus haben Elemente, die definitiv aus dem Gaming kommen. So werden manche Tests beispielsweise spielerisch durchgeführt oder man erprobt Handlungen in einer Simulationsumgebung. Ich denke, wir werden in so einem Bereich ein gewisses Wachstum sehen. Letztlich wird es dann doch die Medien anschieben, die wir im Moment auch kennen, d.h. Sie werden Elemente aus der Spielbranche wieder finden bei Themen wie IP TV. Sie werden klassische Communities finden, wo Leute über das Spiel hinaus kommunizieren. Letztlich ist es eine logische Entwicklung, die man nicht so hart in diese vier Säulen zerhacken kann, sondern die sich dadurch, dass die Infrastruktur immer moderner wird und wächst, ergeben.

Prof. Jantke:

Ich möchte nur ein paar Worte zu dem Themenkreis ‚Lernen mit Spielen' und ‚Lernen durch Spielen' sagen. Ich habe Ihnen ja vorhin an einem Beispiel gezeigt, dass der Sachstand im Moment durchaus frustrierend ist und dass man ziemlich groben Unfug angeboten bekommt, der dann als Didaktik gekennzeichnet wird. Ich glaube, das liegt daran, dass das eine eher schwierige Thematik ist. Und am deutlichsten wird es, wenn wir uns überlegen, dass jegliches Spielen, wenn es erfolgreiches Spielen ist und wenn es nur darin besteht, dass man bestimmte Fähigkeiten in den Griff bekommt, um schnell prügeln zu können, in solch ein Soul Calibur zu treten und sich gleichzeitig zu ducken oder Rätsel zu lösen und dem Verhalten von Gegnern auf die Spur zu kommen, es vorher zu sehen und gut zu reagieren, eigentlich mit Lernen zu tun hat. Wer erfolgreich spielt lernt, er kann es eigentlich gar nicht vermeiden. Von Anfang an ist Spielen in seinem tiefsten Wesen eng mit Lernen verbunden. Jetzt quälen wir uns und grübeln, wie wir es denn wohl hinkriegen, dass wir Spiele zum Lernen einsetzen. Irgend etwas machen wir falsch. Ich will mich nicht dazu aufschwingen, zu wissen, wie es richtig ist. Ich denke, wir müssen hier dieses enorme Potenzial, das Spiele zum Lernen eigentlich mit sich bringen, wirklich noch genauer erkunden. Das steckt da alles drin. Wir haben es an unseren Fingerspitzen, und wenn wir ganz ehrlich sind, wissen wir nicht genau, wie wir es eigentlich umsetzen sollen. Das ist ein irres Potenzial. Was daraus zu machen wird, denke ich, trotzdem noch ein bisschen dauern, wenn wir uns den heutigen Stand anschauen.

Dr. Fabel:
Vielen Dank. Ich denke, das war ein richtig tolles Schlusswort. Ich möchte zusammenfassen, was ich auf dem Panel gelernt habe. Ich habe gelernt, dass der deutsche Markt groß genug ist, auch um hier zu produzieren für diesen Markt. Das habe ich als sehr positiv empfunden trotz aller Konsolidierungstendenzen, von denen man nicht genau weiß, ob sie kommen oder nicht. Das wird jeder je nach Perspektive unterschiedlich einschätzen. Wir haben gelernt, dass einer der wesentlichen Standortvorteile im technologischen Bereich liegt, auch in den Fähigkeiten bei einzelnen Entwicklern. Gleichzeitig haben wir hier das Bedrohungspotenzial gesehen, dass genau dieser Vorteil ‚at risk' ist, dass uns hier Kompetenzen abwandern. Als Gegenmittel haben wir eine Quote ausgeschlossen, aber Förderung als mögliches Mittel erkannt. Zu meiner Erleichterung sollte das primär in die Ausbildung gehen und nicht in tiefe Töpfe. Aber gleichzeitig ist auch das Thema nach der Infrastrukturförderung laut geworden. Überall entstand die Diskussion, wir würden uns wenigstens eine Gleichstellung mit der Filmindustrie wünschen. Das wäre schon ein erster Schritt. Ich glaube, wünschen hilft da nicht viel, machen kann man auch nicht viel. Da muss sich vieles erst ergeben, aber die Dialoge, die Sie führen, gehen sicherlich in die richtige Richtung. Zur letzten Frage, welche die Trends sind, die uns bestimmen werden, waren wir alle einig: keiner weiß es, und alle verfolgen es mit Spannung.

13 Schlusswort

Jörg Eberspächer
Technische Universität München

Meine Damen und Herren, am Ende des langen Tages nur wenige Worte zum Abschluss. Im Vorfeld fragte mich ein Pressevertreter, warum denn der Münchner Kreis sich mit diesem Thema befasse. Wenn man die Mission des Münchner Kreises liest, dann steht da Allerlei über Telekommunikation usw. Nichts von „Spielen". Ich denke aber, wir haben heute gesehen: das ist ein sehr wichtiges Thema für uns. Es ist Konvergenz im besten Sinne, Konvergenz von Computing, Telekommunikation und Medien.

Dass wir dieses Thema jetzt und heute behandelt haben, liegt vor allem an zwei Personen, nämlich an Herrn Dr. Zahedani und Herrn Prof. Ziemer. Die beiden „Z" haben unglaublich geackert, um die hervorragenden Referenten, die wir heute gehört haben, an Bord zu holen, unterstützt durch ein Team unseres Forschungsausschusses. Ich möchte den beiden ausdrücklich danken.

Danken möchte ich aber auch unserem Organisationsteam hinter den Kulissen. Wir hoffen, dass wir uns nicht zum letzten Mal zu diesem Thema hier getroffen haben. Am 21. November sind wir mit einem verwandten Thema „Die virtuellen Welten im Internet" hier zugange, also um Second Life und andere „Zweite Welten". Das Programm ist schon relativ weit gediehen und wird bald veröffentlicht. Wenn Sie irgendwelche Wettbewerber oder andere Ankündigungen zu diesem Thema sehen, vergessen Sie es einfach. Buchen Sie lieber beim Münchner Kreis!

Ganz herzlichen Dank auch an Sie, die Teilnehmer, für die ausgezeichnete Diskussion und dafür, dass Sie so lang geblieben sind. Wir sehen uns hoffentlich bei unseren nächsten Veranstaltungen wieder!

Anhang

Liste der Referenten und Moderatoren /
List of Speakers and Chairmen

Prof. Dr. Stefan Aufenanger

Universität Mainz
Pädagogisches Institut
AG Medienpädagogik
Colonel-Kleinmann-Weg 2
55099 Mainz
aufenang@uni-mainz.de

Georg Broxtermann

Leiter Games
SevenOne Intermedia
ProSiebenSat.1 Media AG
Medienallee 6
85774 Unterföhring
georg.broxtermann
@sevenoneintermedia.de

Prof. Dr.-Ing. Jörg Eberspächer

Technische Universität München
Lehrstuhl für Kommunikationsnetze
Arcisstr. 21
80290 München
joerg.eberspaecher@tum.de

Dr. Behrend Freese

Deutsche Telekom AG
Innovation Development
Ernst-Reuter-Platz 7
10587 Berlin
behrend.freese@telekom.de

Dr. Martin Fabel

Principal
A.T. Kearney GmbH
Charlottenstr. 57
10117 Berlin
martin.fabel@atkearney.com

Frank Holz

10Tacle Studios AG
Director Marketing & Sales
Goebelstr. 21
64293 Darmstadt
f.holz@10tacle.com

Prof. Dr. Klaus P. Jantke

Technische Universität Ilmenau
Institut für Medien- und
Kommunikationswissenschaft
Am Eichicht 1
98693 Ilmenau
jantke@fit-leipzig.de

Sven Liebich

EA Phenomic
Art Director
Binger Str. 38
55218 Ingelheim
sliebich@ea.com

Prof. Dr. Dres. h.c. Arnold Picot

Universität München
Institut für Information, Organisation
und Management
Ludwigstr. 28
80539 München
picot@lmu.de

Dirk Primbs

Microsoft Deutschland GmbH
Developer Platform & Strategy Group
Konrad-Zuse-Str. 1
85716 Unterschleißheim
dirk.primbs@microsoft.com

Stephan Reichart

Geschäftsführer Eventmanagement
Aruba Studios GmbH
Aktienstr. 214
45473 Mülheim an der Ruhr
reichart@aruba-studios.de

Prof. Dr. Rüdiger Westermann

Technische Universität München
Lehrstuhl für Informatik 15
Computer Graphik & Visualisierung
Boltzmannstr. 3
85748 Garching bei München
westermann@in.tum.de

Olaf Wolters

Geschäftsführer
Bundesverband Interaktive
Unterhaltungssoftware e.V.
Rungestr. 18
10179 Berlin
wolters@biu-online.de

Dr. Said Zahedani

Microsoft Deutschland GmbH
Director DPE
Konrad-Zuse-Str. 1
85716 Unterschleißheim
szahedan@microsoft.com

Christoph Zeh

Senior Research Consultant
GfK Panel Services Deutschland GmbH
Nordwestring 101
90319 Nürnberg
christoph.zeh@gfk,com

Prof. Dr.-Ing. Dr.-Ing. E.h. Albrecht Ziemer

Grüngang 5
78464 Konstanz
ziemer.a@zdf.de